Martin Luther
Sein Leben, seine Reformation

Andreas Alt

Martin Luther

Sein Leben, seine Reformation

1. Auflage 2017

© 2017 by CLV
Christliche Literatur-Verbreitung
Ravensberger Bleiche 6 · 33649 Bielefeld
www.clv.de
Lektorat und Beratung: Volker Krull und CLV
Satz & Layout: Velimir Milenković, München

Artikel-Nr. 256406
ISBN 978-3-86699-406-5

Inhalt

Aufblende	7
Warum ist Martin Luther wichtig?	12
Wie Luther im Kloster landete	16
Die Lösung all seiner Probleme	22
Martin Luther lässt nicht mit sich reden	35
Sein Meisterwerk: Die Luther-Bibel	46
Der Reformator und die hohe Politik	54
Der gefallene Mönch und die gefallene Nonne	62
Martin Luther bestellt sein Haus	66
Was vom Reformator geblieben ist	79
Nachwort der Herausgeber	88

Aufblende

Der Hausherr hat sich noch nicht blicken lassen. Im ehemaligen »Schwarzen Kloster«, das seiner Familie jetzt als Wohnhaus dient, hat sich im Speisesaal eine große Gästeschar versammelt. Man hat bereits zum Abendessen um den langen Tisch herum Platz genommen. Da sitzen Bürger der Universitätsstadt Wittenberg, darunter der Stadtpfarrer Johannes Bugenhagen, der namhafte Theologe und Griechisch-Lehrer Philipp Melanchthon und einige seiner Studenten. Einer von ihnen, Georg Rörer, hat sich bereit gemacht, jedes Wort, das später gesprochen wird, mitzuschreiben. Der Kurfürst von Sachsen hat aus Torgau einen hochgestellten Diplomaten geschickt, weil an diesem Abend ein päpstlicher Botschafter seinen Besuch angekündigt hat.

Der Gastgeber ist eine der bekanntesten Persönlichkeiten im Heiligen Römischen Reich Deutscher Nation. Durch viele Schriften, in denen er insbesondere gegen Papst und Kirche wettert, und vor allem durch seine Übersetzung der Bibel ins Deutsche ist er den Menschen seit gut zehn Jahren ein Begriff. Selbst seine Gegner fühlen sich geehrt, wenn sie mit ihm persönlich zusammentreffen. Sie wollen ihn reden hören, mit ihm über die Verhältnisse im Reich und in der Kirche diskutieren.

Eigentlich ist er ein Rebell, der im ganzen Reich gesucht wird und mit dem Tod bedroht ist. Aber sein Kurfürst hält seine Hände schützend über ihn. Würde er festgenommen, so könnte das zudem große Unruhen im Volk auslösen. Der Kampf gegen die Vertreter der althergebrachten Kirche steht unentschieden, und solange das so ist, bleibt der Mann unangetastet. Auch ein Vertreter von Papst Clemens VII. sieht es unter diesen Umständen als eine Ehre an, bei dem berühmten Mann am Tisch zu sitzen. Noch ist der Gesandte aus Rom aber nicht eingetroffen. Eine gewisse nervöse Anspannung ist bei der Tischgesellschaft zu spüren.

»Das Wetter war in diesem Jahr recht ordentlich«, bemerkt Bugenhagen, um das drohende Schweigen zu durchbrechen. »Wenn Gott Gunst schenkt, so können wir eine gute Ernte erhoffen.« Beifälliges Nicken und Gemurmel in der Runde.

Doch jetzt ertönt Gepolter von der Treppe ins obere Stockwerk her. Martin Luther steigt in den Saal herunter, hinter ihm einige Kollegen von der Universität, mit denen er an der Übertragung des Alten Testaments aus dem Hebräischen gearbeitet hat. Eine Aufgabe, der er sich nun schon seit etlichen Jahren widmet und die dem Gelehrten besonders wichtig ist. Er braucht dazu Hilfe. Zwar kennt er sich in der Bibel aus wie nur wenige Menschen im Reich, aber seine Hebräisch-Kenntnisse sind dürftig, da müssen Spezialisten hinzugezogen werden. Jetzt hat Luther die Übersetzungsbemühungen unterbrochen. Er weiß, dass er sich um seine Gäste kümmern muss, und er ist gern in Gesellschaft. Auch vor kontroversen Gesprächen schreckt er nicht zurück.

Luther trägt meist eine schwarze Kutte, denn einst war er Augustinermönch, und seine Zeit im Kloster hat ihn geprägt. Heute aber hat er einen Pelzmantel umgelegt und sich mit einer schweren Kette geschmückt – eine Ehrerbietung gegenüber dem päpstlichen Gesandten, der freilich immer noch auf sich warten lässt.

Wenig später taucht ein Bote auf und gibt bekannt, dass der Legat in seiner Kutsche eben das Stadttor passiert hat – gerade rechtzeitig vor Einbruch der Nacht. Jetzt können die Stadttore geschlossen werden. Luthers Frau Käthe, die die ganze Zeit schon mit Helferinnen emsig in der Küche zu Gange war, beginnt eilig aufzutragen. Ein reichhaltiges, aber kein fürstliches Mahl hat sie bereitet: Fleischbrocken in Würzbrühe, ein gebackener, mit vielen Eiern angereicherter Nudelteig, gebratene Fische, die Luther besonders schätzt, dazu Hirse- und Gemüsebrei, Bier aus der eigenen, von ihr selbst betriebenen Brauerei sowie etwas Wein. Fast alles kommt aus der eigenen Landwirtschaft. Zum Würzen dienen Kräuter und Honig.

Der päpstliche Gesandte steht inzwischen vor der Tür und wird gemeldet. Luther nimmt eine aufrechte Haltung an. Wohlwollend hört er sich von dem Römer die Grußadresse von Papst Clemens an und verbeugt sich. Dann bittet er den Legaten und sein Gefolge zu Tisch. Der Reformator selbst setzt sich nicht, sondern tritt an ein Stehpult. Er spricht ein Tischgebet, wobei er aus den Psalmen zitiert: »Danket dem Herrn, denn er ist freundlich, und seine Güte währet ewiglich. Amen.« Daran schließt er eine Betrachtung über seine Übersetzungsarbeit an.

»Ich will eine neue Vorrede für die Bibel schreiben und damit jedermann vor den Verblendeten und Verstockten warnen. Sie haben zwar das Buch, wie Jesaja sagt, aber sie sind blind darüber! Die Bibel – ich will mich nicht selbst loben, sondern das Werk lobt sich selbst – ist so gut und köstlich, dass sie besser ist als alle griechischen und lateinischen Versionen, und man findet mehr darin als in allen Kommentaren. Denn wir räumen die Stöcke und Pflöcke aus dem Weg, damit andere Leute ohne Hindernis darin lesen können. Ich habe nur die Sorge, dass man nicht viel in der Bibel lesen wird, denn man ist ihrer sehr überdrüssig, und niemand denkt mehr über sie nach.«

Der Legat lässt sich nicht anmerken, ob ihm die improvisierte Predigt gefällt oder nicht. Vielleicht wird sich das im folgenden Gespräch noch erweisen. Martin Luther hätte gegen Widerworte nichts einzuwenden. Er hat seine Lust am Streit über geistliche Themen. Wird er angegriffen, so wird er zusehends lebendig. Er scheut sich niemals, seinen Widersachern Kontra zu geben und auch mit groben Worten schwer zuzusetzen.

Warum ist Martin Luther wichtig?

Solch große Tischgesellschaften sind im Hause Luther fast alltäglich. Weil er als Hochschullehrer trotz seines Renommees, der großen Zulauf zur Uni Wittenberg auslöst, nur ein relativ bescheidenes Gehalt bezieht, ist er auf zusätzliche Mieteinnahmen angewiesen. Studenten bewohnen in seinem Haus zahlreiche Zimmer, und die jungen Leute sitzen regelmäßig bei ihm mit am Tisch. Hinzu kommen die vielen, die mit ihm zusammenarbeiten oder einfach die Gesellschaft des Reformators suchen und sich mit ihm austauschen wollen. Wie aber ist Luther zu seinem sagenhaften Ruf gekommen?

Seine Veröffentlichungen machen ihn im deutschen Sprachraum und weit darüber hinaus bekannt. Aufsehen erregt Luther aber mit öffentlichen Auftritten, die seine Unbeirrbarkeit, Unbeugsamkeit und sein unbedingtes Festhalten an der Bibel als dem Wort Gottes beweisen. Das macht ihn zu einer Leitfigur, zu einer Ikone der deutschen Geschichte bis heute.

Ein Kerndatum ist der 31. Oktober 1517, als Luther 95 Thesen gegen die Ablasspraxis der römisch-katholischen Kirche an den zuständigen Erzbischof und akademische Freunde versendet und sie anschließend öffentlich macht. Freilich ahnt er zunächst nicht, dass diese Liste nicht nur die Fachwelt, sondern auch kirchliche und weltliche Machthaber sowie große Teile der Bevölkerung im Reich in Aufruhr versetzen wird. Eine andere Sternstunde trägt sich bei seiner Vorladung vor Kaiser und Reichsfürsten beim Reichstag in Worms am 17. April 1521 zu; seine Weigerung, die als ketzerisch angesehenen Aussagen über die Kirche zurückzunehmen, wurde in der griffigen Formel zusammengefasst: »Hier stehe ich. Ich kann nicht anders.«

Das größte Aufsehen in seiner Zeit erregte Luther aber mit einer Aktion am 10. Dezember 1520. Zusammen mit Studenten und Wittenberger Bürgern verbrennt er beim Stadttor die »gottlosen Bücher des päpstlichen Rechts und der scholastischen Theologie«. Er wehrt sich damit gegen den Druck, den der Vatikan auf ihn ausübt. Auf Anweisung des Heiligen Stuhls in Rom sind zuvor Luthers Schriften in mehreren europäischen Städten verbrannt worden. Zudem wirft er auch den Erlass von Papst Leo X., »Erhebe dich, Herr« (»Exsurge Domine«), ins Feuer, in dem er ultimativ aufgefordert wird, binnen 60 Tagen seine Lehre zu widerrufen, andernfalls werde er aus der Kirche ausgeschlossen (»exkommuniziert«). Davon will sich Luther keinesfalls einschüchtern lassen.

Im Verlauf des Mittelalters ist die Exkommunikation eine furchtbare Strafe gewesen. Damit nahm der Papst einem Christen sein ganzes Ansehen und – aus Sicht der Kirche – letztlich sein Seelenheil. Wer keine Kirche betreten durfte und damit die Sakramente wie Kommunion, Ehe, Beichte, Krankensalbung oder auch die Fürbitte der Heiligen oder der Muttergottes nicht empfangen konnte, war aus der Gesellschaft ausgeschlossen und – schlimmer noch – war aus Sicht der Kirche auf ewig verloren. Aufgrund dieser Drohung hatte sich König Heinrich IV. 1076/77 Papst Gregor VII. beim sprichwörtlichen Gang nach Canossa unterwerfen müssen. Kaiser Ludwig IV. (genannt »der Bayer«) widerstand dagegen 1324 dem Bann des Papstes Johannes XXII. und blieb bis zu seinem Lebensende exkommuniziert, aber auch Regent. Da Rom das Mittel des Kirchenausschlusses bis zu Luthers Zeit immer häufiger anwandte, auch bei rein weltlichen und eher unwichtigen Streitigkeiten, hatte diese Drohung schon etwas von ihrem Schrecken verloren.

Dass Luther jedoch die kirchlichen Gesetzesbücher und maßgebliche religiöse Werke im Feuer vernichtet, weil er die Rechtsbestimmungen und Kirchenlehren nicht im Einklang mit der Bibel sieht, ist nie da gewesen. Damit bringt Luther die Macht der Kirche grundlegend ins Wanken. Letztgültig ist für ihn in allen geistlichen Fragen allein die Bibel; dahinter müssen Papst, Kardinäle, Konzilien und alle kirchlichen Institutionen zurückstehen. Das macht er mit seiner Demonstration unmissverständlich deutlich.

Darüber erschrecken auch die ihm grundsätzlich wohlgesinnten Wittenberger Hochschulkollegen. Nicht nur das – durch das ganze Land geht ein Aufschrei: Ein unbedeutender kleiner Mönch bietet dem Papst die Stirn und zeigt aller Welt, dass die Kurie für ihn ganz unmaßgeblich ist – das hat noch niemand gewagt! Zu seiner Verteidigung beruft sich Luther wiederum auf die Bibel: In der Apostelgeschichte (Kapitel 19) wird geschildert, wie Bewohner von Ephesus, die früher Zauberei getrieben hatten, nach einer Predigt des Paulus selbst Bücher mit gegen das Evangelium gerichteten Inhalten im Wert von 50 000 Stück Silber verbrannten. Nichts anderes hat er getan, sagt Luther.

In diesem Moment wird der Bruch zwischen Luther samt seinen Anhängern und der römisch-katholischen Kirche unheilbar. Was er nie wollte, nimmt unaufhaltsam seinen Lauf: Auf deutschem Boden bilden sich in der Folge zwei Kirchen heraus.

Wie Luther im Kloster landete

Ursprünglich ist Luther ein gehorsamer Sohn der Kirche; mehr noch: Er legt besonderen Eifer an den Tag, nach den Vorschriften der katholischen Kirche zu leben und ihren Anforderungen gerecht zu werden. Geboren ist er am 10. November 1483 in Eisleben, damals Teil des Kurfürstentums Sachsen, heute ein Städtchen in Sachsen-Anhalt. Kindheit und Jugend verbringt er im nahen Mansfeld. Er entschließt sich zu einem Jura-Studium, das eine glänzende Karriere verspricht. Deshalb wird die Entscheidung auch von seinen Eltern nachdrücklich befürwortet. Sie finanzieren ihm Schulbesuch und Studium. Nachdem er Magister der freien Künste geworden ist, wählt er Jura als Spezialfach. Die Rechtswissenschaft liegt Luther aber nicht; sie gibt ihm mit ihren zu entscheidenden »Fällen« keine Antworten auf die Sinnfragen, die ihn bewegen. Er ist ein fröhlicher, musikliebender Mensch, manchmal aber auch grüblerisch bis zur Depression.

Im Sommer 1505 befindet sich Luther gerade im ersten Jura-Semester. Auf dem Rückweg von einem Besuch im Elternhaus gerät er in ein schweres Gewitter, und dicht neben ihm schlägt ein Blitz ein.

Der junge Student ist zu Tode geängstigt und gelobt der Heiligen Anna, einer zu dieser Zeit im Volk sehr beliebten Fürsprecherin: Wenn er dem Unwetter lebend entkommt, will er ins Kloster gehen. Ganz neu scheint die Idee für ihn nicht zu sein; schon als Kind hatte er Kontakt zu einer Ordensgemeinschaft, den »Brüdern vom gemeinsamen Leben« an der Magdeburger Domschule, wo er grundlegende Lateinkenntnisse erwarb. Dennoch denkt er zwei Wochen darüber nach, ob er sein Gelübde erfüllen und das Studium aufgeben muss. Seinen Entschluss muss er auch seinem tief enttäuschten Vater beibringen. Schließlich steht er vor dem Erfurter Augustinerkloster und bittet um Aufnahme.

Wie kann ich vor dem strengen Richter Jesus Christus bestehen? Wie bekomme ich einen gnädigen Gott? So wird Luthers Lebensproblem auf einen Nenner gebracht. Oft heißt es, diese Überlegung eines mittelalterlichen Menschen sei heute kaum noch nachzuvollziehen. Wahrscheinlich waren die Verhältnisse aber nicht so viel anders. Die meisten Menschen machten sich auch damals über ihr Verhältnis zu Gott keinen großen Kopf. Luther war da eine Ausnahme.

Die Kirche bestimmte in weit stärkerem Maß als heute das tägliche Leben: Der Tag wurde eingeteilt vom Glockenläuten des nahen Kirchturms. Man betete mehr als in unseren Tagen und ging häufiger zur Heiligen Messe. Aber im Gottesdienst wurde geschwatzt und gescherzt; dem Priester schenkte man wenig Aufmerksamkeit. Schutzheilige und Reliquien (Gegenstände, die angeblich mit Jesus Christus, biblischen Gestalten oder Heiligen in Verbindung stehen und denen Wunderkräfte innewohnen sollen) versprachen Hilfe in vielen Lebenslagen, aber ihr ewiges Heil kümmerte die Leute wenig.

Immerhin: Das Leben war viel unsicherer als heute. Nach zahlreichen Pestepidemien war den Leuten bewusst, dass es schnell aus sein konnte. Viele wollten aber feiern und es sich gut gehen lassen, solange sie nur konnten, und fragten nicht viel nach Gott. Am ehesten fürchtete man sich vor dem Fegefeuer, wo manche Sünden laut der Lehre der Kirche nach dem Tod noch abgebüßt werden mussten, stellte sich aber vor, danach schon vom Himmel in Gnaden angenommen zu werden. Dem Klerus stand man misstrauisch gegenüber oder machte sich über Priester und Mönche lustig, die häufig mit ihrem nicht sehr vorbildlichen Lebenswandel sowie seelsorglicher und theologischer Unbedarftheit dazu durchaus Anlass gaben.

Luther dagegen nimmt Gott und seine Beziehung zu ihm ernst. Er betrachtet ihn in erster Linie als seinen Richter, was der Bibel auch so zu entnehmen ist, die er freilich zu diesem Zeitpunkt noch nicht kennt: Später wird er sich in Psalm 38 wiederfinden: »HERR, strafe mich nicht in deinem Zorn und züchtige mich nicht in deinem Grimm! Denn deine Pfeile sind in mich eingedrungen, und deine Hand hat sich auf mich herabgesenkt. Nichts Heiles ist an meinem Fleisch wegen deines Zürnens, kein Frieden in meinen Gebeinen wegen meiner Sünde. Denn meine Ungerechtigkeiten sind über mein Haupt gegangen, wie eine schwere Last sind sie zu schwer für mich.«

Sünde bezeichnet jede Abweichung vom Willen Gottes; normalerweise meldet sich dabei unser Gewissen. Luther hat ein sehr empfindliches Gewissen. Anders als viele denkt er nicht: Wird schon nicht so schlimm sein. Er beobachtet sich selbstkritisch und erkennt, dass beinahe allem, was er tut und denkt, verborgene Sünde zugrunde liegt. Daher hat er die große Sorge, dass er mit seinen täglichen Verfehlungen nicht vor Gott bestehen kann. Auch wenn er seine Sünden gebeichtet hat, kommen ständig neue hinzu. Gegen Krankheiten, Unfälle oder Gewalt ist man weitgehend machtlos; jederzeit kann der Moment gekommen sein, in dem man vor seinen Schöpfer treten muss.

Im Klosterleben sieht Luther die Chance, sich zu bessern und so Gott gerecht zu werden. Und er gibt sich richtig Mühe: Wie von der Mönchsregel gefordert, verbringt er den Großteil des Tages mit

Schweigen, allein in seiner Zelle, kommt mit den anderen nur zum Gebet und zum Essen zusammen, legt mindestens einmal pro Woche die Beichte ab, überführt andere in der Versammlung der Sünde und wird überführt, geht bereitwillig betteln, wie das bei den Augustinern gefordert ist. Man kann die Praxis auch mit einer gewissen Lässigkeit üben, aber Luther befolgt die Regeln übergenau. Im Kloster bekommt er auch erstmals eine lateinische Bibel in die Hand; er liest sie immer wieder, bis er sie fast auswendig kann.

Luther fällt dem Generalvikar, also dem Verwaltungschef des deutschen Augustinerordens, Johann von Staupitz, auf, der ihm häufig die Beichte abnimmt. Er will dem jungen Mönch aus seiner Sündennot heraushelfen: »Niemand wird selig um seiner eigenen Werke willen, sondern allein aus Gottes Barmherzigkeit, aus Gnaden! Allein das Kreuz ist unsere Theologie.« Das versteht Luther aber da noch nicht. Staupitz sieht dennoch auch sein Potenzial und fördert ihn. 1507 wird er zum Priester geweiht. Gleichzeitig darf Luther wieder studieren, und zwar Theologie an der erst wenige Jahre zuvor gegründeten Universität Wittenberg. Schnell wird er dort Hochschullehrer und Klosterprediger. 1511 wird er auf eine diplomatische Reise nach Rom gesandt.

Zusammen mit einem älteren Mitbruder darf

Luther dem Ordensgeneral in der Heiligen Stadt eine Botschaft der deutschen Augustiner überbringen. Es ist für ihn zugleich eine Pilgerreise: Wo kann er sein Seelenheil besser erwirken als im Zentrum der Christenheit? In Rom angekommen, hat er genug Zeit, Ablässe zu gewinnen, Messen zu lesen und heilige Stätten zu besuchen. Aber er äußert sich später sehr negativ über das Bild, das ihm Rom bietet. Überall hektische Geschäftigkeit und Gedränge statt Andacht. Religion und Sakramente werden entwertet, er selbst für seine Frömmigkeit verspottet. Papst Julius II. bekommt er gar nicht zu Gesicht; von dem geldgierigen Machtmenschen wäre er entsetzt gewesen. Stattdessen denkt er: Der Heilige Vater weiß gewiss nicht, wie verlottert seine Kirche mancherorts ist.

Die Lösung all seiner Probleme

Mit dem Rat seines väterlichen Freundes Staupitz, auf Jesus Christus zu blicken, kann Luther zunächst nichts anfangen. Er erweist sich jedoch als Schlüssel zu der Antwort, nach der er viele Jahre lang gesucht hat. Da er der Nachwelt eine Unmenge schriftlicher Zeugnisse hinterlassen hat – Briefe, Notizen, Vorlesungsskripte, Predigttexte und vieles mehr –, lässt sich seine gedankliche Entwicklung so gut wie bei kaum einem Zeitgenossen nachvollziehen. Trotzdem sind Luther-Experten uneinig darüber, ob er eine plötzliche Eingebung hat oder ob er allmählich zu der Erkenntnis durchdringt, die dann sein Leben grundlegend verändert.

Er empfindet Gott bisher stets als bedrohlich und fürchtet, dass er nach seinem Lebensende in den Abgrund der Hölle gestoßen wird. Er weiß, dass er Gott lieben soll, aber das kann er nicht. Luther erinnert sich: »Am Anfang, wenn ich im Psalter las und sang: ›In deiner Gerechtigkeit erlöse mich!‹ – da erschrak ich allemal und war den Worten feind: ›Gerechtigkeit Gottes‹, ›Gericht Gottes‹, ›Werk Gottes‹. Denn ich wusste nichts anderes, als dass ›Gerechtigkeit Gottes‹ sein strenges Gericht bedeutete.« Aber an anderer Stelle schreibt er: »Als ich einmal über die Worte ›Der Gerechte wird aus

Glauben leben‹ nachsann, dachte ich alsbald: Wenn wir als Gerechte aus dem Glauben leben sollen und wenn die Gerechtigkeit Gottes jedem, der glaubt, zum Heil gereichen soll, so wird sie nicht unser Verdienst, sondern die Barmherzigkeit Gottes sein. So wurde mein Geist aufgerichtet.«

Ein Wort des alttestamentlichen Propheten Habakuk, zitiert von Paulus in seinem Römerbrief (Kapitel 1, Vers 17), bringt Luther die entscheidende Erkenntnis. Der Brief an die Gemeinde in Rom ist eines der vorzüglichsten Zeugnisse der Bibel dafür, dass Gott Menschen ihre Schuld allein aus Gnade vergibt; sie brauchen dafür nichts zu tun, als ihre Sünden zu bereuen und an Gott zu glauben. Luther hatte schon richtig erkannt: Sünde muss bestraft werden, sonst wäre Gott nicht gerecht. Aber die Strafe hat er selbst in Gestalt von Jesus Christus auf sich genommen. Mit seinem Tod am Kreuz und seiner Auferstehung bezahlte er die Schuld und brach die Macht des Todes. Im Johannesevangelium (Kapitel 5, Vers 24) sagt Jesus: »Wahrlich, wahrlich, ich sage euch: Wer mein Wort hört und dem glaubt, der mich gesandt hat, hat ewiges Leben und kommt nicht ins Gericht, sondern ist aus dem Tod in das Leben übergegangen.«

Sicher kennt Luther aufgrund seines unermüdlichen Bibelstudiums auch den Römerbrief genau. Aber die Kirche hat dessen Botschaft vom Ge-

Das »Turmerlebnis«, Luthers Bekehrung
Inzwischen wirkte Luther als Professor der Theologie in Wittenberg und beschäftigte sich täglich mit dem Studieren und Lehren der Bibel. Häufig jedoch plagten ihn Zweifel und schlimme Ängste, er würde im Jüngsten Gericht Gottes nicht bestehen können, und biblische Begriffe wie »Gerechtigkeit« und »gerecht« waren Reizworte für den frommen Theologen, die ihn tief verunsicherten. Zwar strengte er sich an, ein vorbildliches Leben zu führen und alle Regeln zu beachten, doch war er ebenfalls überzeugt, dass er durch und durch böse und verloren war:

»Wiewohl ich als ein untadeliger Mönch lebte, verspürte ich doch unruhigen Gewissens, dass ich vor Gott ein Sünder sei und dass ich mich nicht darauf verlassen könnte, durch meine eigene Genugtuung versöhnt zu sein. Ich liebte nicht nur nicht – nein, ich hasste den gerechten Gott, der die Sünder straft. Nicht gerade mit stummer Lästerung, sicherlich aber mit unermesslichem Murren entrüstete ich mich über Gott und sprach: Als ob es nicht genug sei, dass die elenden Sünder, die auf ewig durch die Erbsünde verloren seien, mit aller nur denkbaren Not durch das Gesetz der Zehn Gebote bedrückt wären, habe Gott noch durch das Evangelium Schmerz auf Schmerz hinzugefügt

und durch das Evangelium selbst uns seine Gerechtigkeit und seinen Zorn angedroht. So tobte ich in meinem wilden und verwirrten Gewissen und bemühte mich ungestüm um jene Stelle bei Paulus, von der ich brennend gern gewusst hätte, was St. Paulus wolle.«

Die Stelle, von der Luther hier spricht, steht im Römerbrief 1,17: »Der Gerechte aber wird aus Glauben leben.« Und gerade das war es, was er so dringend suchte: gerecht zu sein und zu leben – und nicht das Dasein in schrecklicher Angst vor einem strafenden Gott zu führen. Luthers Ängste brachten ihn dazu, in der Heiligen Schrift nach einem Ausweg zu suchen – und schließlich zu finden. Eines Nachts im Winter um das Jahr 1515 saß er in seinem Studierzimmer (im Turm des »Schwarzen Klosters« in Wittenberg) und dachte über Römer 1,17 nach, als er endlich verstand, was mit »aus Glauben leben« gemeint war. Nicht die guten Werke und die Mühen, die wir auf uns nehmen, um Gott zu gefallen, machen den Menschen gerecht, sondern allein der Glaube ist das »Tor zum Paradies«. Alle Anstrengung half nichts, allein Gottes Gnade, die er aus Barmherzigkeit schenken wollte, konnte vor dem Gericht erretten. Und das Mittel, diese Gnade für sich in Anspruch zu nehmen, war der Glaube – und nur der Glaube allein. Als Luther die Augen aufgingen und er die Gnade Gottes verstand, fiel alle Angst vor der Hölle wie ein tonnenschweres Gewicht von seinem Gewissen ab. Er fühlte sich wie neugeboren, und man kann sagen, dass dieses Erlebnis – das »Turmerlebnis« – die Geburtsstunde der Reformation war.

Später beschrieb er dies so:
»Endlich, da ich Tag und Nacht darüber nachdachte, gab ich auf den Zusammenhang acht, nämlich: Die Gerechtigkeit Gottes wird darin offenbar, wie geschrieben steht: Der Gerechte lebt seines Glaubens ... Da fühlte ich, dass ich ganz und gar neugeboren bin und durch die geöffneten Pforten in das Paradies eingetreten war.« ¶

schenk der Gnade im Verlauf von Jahrhunderten in ihr Gegenteil verkehrt. Gemäß ihren Bräuchen, Traditionen und Lehren musste ein Christ das göttliche Heil angeblich in vielen, vielen kleinen Schritten erwerben, durch den Empfang der Sakramente, Bußübungen und die Fürsprache der – von der Kirche selbst bestimmten – Heiligen. Deshalb braucht Luther vermutlich mehrere Jahre, bis er endlich die zentrale Bedeutung von Gnade und Glauben erkennt. Jetzt aber erlebt er das Evangelium als Befreiung: Er ist frei von seinen Gewissensqualen, frei von dem Zwang, sich den Himmel stets aufs Neue verdienen zu müssen – es ist ein reines Geschenk Gottes.

Luther ist erstmals in der Lage, die Bibel – eine Sammlung vieler alt- und neutestamentlicher Bücher – als eine Einheit zu begreifen: So unterschiedlich die Bücher sind, weisen sie doch alle auf ein Zentrum hin, auf Jesus Christus und sein Erlösungswerk. Bisher hatten die Theologen die Bibel eher als eine riesige Ansammlung von Sentenzen begriffen. Luther denkt sich in die innere Logik der Heiligen Schrift hinein und erfasst sie, ohne dass er dafür eine eigene Theologie braucht, mit der er sie betrachten kann.

Auf die Welt um ihn her hat seine Veränderung noch kaum Auswirkungen. Er bleibt Augustinermönch. Auf Drängen von Staupitz übernimmt er im Kloster immer höhere Ämter. Schließlich folgt er ihm 1512 als Theologieprofessor für Bibelauslegung an der Uni Wittenberg nach. Zusätzlich wird er 1514 Vikar des Augustinerordens und hat damit elf Klöster zu beaufsichtigen. Sein Predigtamt behält er. Zwar stöhnt er über die Vielzahl von Aufgaben, aber er nimmt die Herausforderung an.

Seine Vorlesungen, seine wissenschaftliche Forschung vernachlässigt er nicht. Luther ist bei seinen Studenten beliebt, weil er lebensnah und keineswegs trocken lehrt. Kein Wunder: Er hat seine Erfahrungen mit der Bibel gemacht und kann das vermitteln. Er kritisiert hart und grob Theologen, die falsche Lehren verbreiten, und weist auch Kirchenfürsten und Landesherren zurecht, wenn sie das Volk aus seiner Sicht hinters Licht führen. Das kommt an. Freilich wäre Luther wohl nicht einmal im Traum darauf gekommen, dass er einmal das ganze Volk gegen diese ungeeigneten Regenten aufbringen wird. Er sieht sich in erster Linie als bescheidenen Mönch und in zweiter Linie als akademischen Lehrer, der mit seinesgleichen um die richtige Theologie streitet.

Dazu sieht er schon bald eine Gelegenheit. 1517 läuft, wie er erfährt, im benachbarten Herzogtum Sachsen eine große Ablasskampagne. Am Ablass selbst nimmt er anfangs gar nicht Anstoß, aber wie hier vorgegangen wird, zeigt ihm, dass dem Volk vorgespiegelt wird, dass sich der Mensch seine Erlösung selbst erarbeiten muss. Nach katholischer Lehre ist ein Christ bei seinem Tod noch nicht mit Gott quitt. Zwar sind prinzipiell alle Sünden vergeben, allein deshalb, weil er der katholischen Kirche angehört, aber eine Strafe wartet dennoch auf ihn: das Fegefeuer, wo er entsprechend dieser Vorstellung endgültig gereinigt wird. Die von der Kirche benannten Heiligen haben jedoch in ihrem Leben so viele gute Taten auf ihrer Habenseite verbucht, dass sie nach Kirchenmeinung von diesem Schatz etwas an die armen Sünder abgeben können. Die Zeit im Fegefeuer kann damit verkürzt werden. Den Ablass muss man aktiv erwirken, und nicht selten muss man dafür bezahlen; eigentlich ist das als Spende für Bedürftige gedacht, als ein gutes Werk der Mildtätigkeit. Dass damit in Wirklichkeit Kirchenbauten finanziert werden, ist vielen bekannt. Wozu das gesammelte Geld in diesem Fall dient, weiß Luther allerdings zu diesem Zeitpunkt noch nicht.

Nachdem er sein Verhältnis zu Gott geklärt hat, kann er die Ablasspraxis nur als Unfug ansehen. Wie kann es sein, dass die Schuld getilgt und doch eine Strafe noch abzubüßen ist, und zwar in klingender Münze? In seinem Kurfürstentum ist der Verkauf von Ablassbriefen verboten, aber die Menschen strömen in Scharen zur nahen Grenze

Der Ablasshandel
Die Angst der Menschen vor Sündenstrafen war zu Luthers Zeiten grenzenlos. Katholische Priester malten den Gläubigen die Qualen der Hölle und des (nicht-biblischen) Fegefeuers täglich vor Augen. Doch boten sie ihnen auch einen vermeintlichen Ausweg an: den Ablass. Er verschaffte ihnen nach katholischer Lehre die Möglichkeit, die Strafe für die begangenen Sünden erlassen zu bekommen. Dies musste allerdings zuerst durch Werke verdient werden, was im Mittelalter und in der beginnenden Neuzeit sogar zum sogenannten Ablasshandel führte, der »käuflichen Vergebung«. Ablassprediger zogen durch die Dörfer und Städte und boten ihren Zuhörern Erlass der Sündenstrafen gegen bares Geld. Der berühmteste von ihnen – der Dominikaner Johann Tetzel – war besonders erfolgreich und brachte der Kirche riesige Summen ein, die unter anderem in den Bau des Petersdoms in Rom flossen. Der Ablasshandel wurde zu einem der Kernpunkte, die Luther an der römisch-katholischen Kirche kritisierte. Er verfasste seine 95 Thesen als Antwort auf die Heuchelei innerhalb des Klerus und den unbiblischen Ablasshandel:

»Ein jeder Christ, der wahre Reue und Leid hat über seine Sünden, hat völlige Vergebung von Strafe und Schuld, die ihm auch ohne Ablassbrief gehört. Ein jeder wahrhaftige Christ ... ist teilhaftig aller Güter Christi und der Kirche, aus Gottes Geschenk, auch ohne Ablassbriefe.«

Martin Luther: Thesen 36 & 37

Diese Glaubensüberzeugung manifestierte sich in den reformatorischen Kernsätzen »Allein aus Gnade« und »Allein durch den Glauben«.

Die unsägliche Praxis des Ablasshandels wurde schon bald darauf von der Kirche verboten (1562) und steht seit 1567 unter Strafe der Exkommunikation. Doch nicht nur der Handel mit Ablässen, allein schon der Gedanke, durch eigene Verdienste und Werke der Barmherzigkeit Sündenstrafen abwenden zu können, steht dem Evangelium der Gnade diametral entgegen. ¶

Ablasshandel. Holzschnitt, um 1510

Johann Tetzel

Myconius schreibt in seiner »Historia reformationis vom Jahre Christi 1517 bis 1542«:

»Damals war ein Prediger-Mönch, Johannes Tetzel genannt, der große Ablass-Prediger in Deutschland. Er erpredigte unzählig viel Geld, das er alles nach Rom schickte. Er sagte, wenn einer bei der lieben Mutter Christi geschlafen hätte und legte nur Geld in des Papstes Ablass-Kasten, dann hätte der Papst diese Gewalt im Himmel und auf Erden, dass er's vergeben könnte, und wenn er's vergebe, so müsste es Gott auch vergeben. Ferner, sobald nur der Groschen im Kasten klinge, führe die Seele, für die man ihn hineinlege, vom Mund auf gen Himmel. So ein großes Ding war sein Ablass! In summa: Unser Herrgott wäre nimmer Gott, hätte alle göttliche Gewalt dem Papst übergeben ... Und der Ablass war so hochgeehrt, dass man, wann immer man den Gesandten in eine Stadt einführte, die Bulle auf einem samtenen oder goldenen Tuch einhertrug; und alle Priester, Mönche, der Rat, die Schulmeister, Schüler, Mann, Weib, Jungfrauen und Kinder gingen ihm mit Fahnen, Kerzen und Gesang in langer Prozession entgegen. Da läutete man alle Glocken, spielte alle Orgeln, begleitete ihn in die Kirche, richtete ein rotes Kreuz mitten in der Kirche auf, an das man des Papstes Fahnen hängte usw., und in summa: Man hätte Gott selbst nicht schöner empfangen und beherbergen können.« ¶

des Herzogtums, wo dem Dominikaner-Prediger Johann Tetzel die Ablässe förmlich aus den Händen gerissen werden. Wie er hört, wird dabei der Eindruck erweckt, man brauche nur zu zahlen, um die Qual im Fegefeuer zu vermindern – die eigene oder die von bereits gestorbenen Verwandten. Auf Reue und Buße legt Tetzel keinen Wert. Luther ist überzeugt: Gott schenkt Vergebung ohne Gegenleistung; es bedeutet, das Opfer Jesu Christi abzuwerten, wenn man selbst zu seiner Errettung etwas hinzutun will. Aber nur dem kann vergeben werden, der tatsächlich bereut und um Vergebung bittet. Die Menschen werden in die Irre geführt.

Luther wird in mehrfacher Hinsicht aktiv: Er predigt gegen den Ablass und kritisiert ihn vor seinen Studenten. Er schreibt an den zuständigen Erzbischof in Mainz einen Protestbrief, freilich in respektvollem Ton. Dieser Brief enthält eine Liste von 95 Thesen, mit denen er die Lehre vom Ablass widerlegt. Zum Beispiel fragt er: Warum machen Papst und Kirche den Ablass nicht allen Gläubigen umsonst zugänglich, wenn sie über dieses Mittel gegen das Fegefeuer verfügen? Die 95 Thesen veröffentlicht er in lateinischer Sprache am 31. Oktober 1517. Er will innerhalb der Universität und gegebenenfalls mit anderen Hochschulen darüber diskutieren – mehr nicht.

Kritik am Ablass war zu dieser Zeit nichts

Neues. Während die einen im Volk ihre Hoffnung darauf setzten, sahen die anderen darin nur Beutelschneiderei. Die Kirche hatte nicht den besten Ruf. Luthers Thesen treffen einen Nerv. Sie werden rasch in Wittenberg und Umgebung, bald im ganzen Land verbreitet. Erst wenige Jahrzehnte zuvor hat Johannes Gutenberg die Technik des Buchdrucks perfektioniert. Als Drucker hören, dass Luther ein aufstrebender Theologe ist, von dem weitere brisante Texte zu erwarten sind, greifen sie zu und machen damit hübschen Profit. Ein Copyright gibt es zu dieser Zeit nicht.

Der Mainzer Erzbischof Albrecht von Brandenburg seinerseits nimmt von der Kritik des Wittenberger Mönchs nur beiläufig Kenntnis. Seine Berater können in dem Schreiben keinen grundlegenden Angriff auf die Kirche erkennen. Zur Sicherheit untersagt Albrecht aber, dass Luther sich weiter zu diesem Thema äußert, und sendet den Vorgang an den Papst.

Martin Luther lässt nicht mit sich reden

Luther weiß nicht, dass Albrecht von Brandenburg eigentlich ein kirchlicher Fürst von eher weltlichem Zuschnitt ist, der hauptsächlich Macht und Einfluss im Reich zu gewinnen versucht – wie viele Machthaber in dieser Zeit. Er will als Kurfürst an der Kaiserwahl teilnehmen und zu diesem Zweck gleichzeitig Erzbischof von Mainz und von Magdeburg sein. Das lässt das kanonische Kirchenrecht nicht zu, aber gegen Zahlung von 30 000 Gulden würde sich Papst Leo X. bereit erklären, das Doppelfürstentum abzusegnen. Nur – dieses Geld hat Albrecht nicht. Man findet eine Lösung: Das Augsburger Handels- und Bankhaus Fugger finanziert die Summe vor; Albrecht soll sie durch Ablassverkauf wieder hereinbringen. Je zur Hälfte sollen die Einnahmen seine Schulden bei den Fuggern tilgen und den 1506 begonnenen Bau des Petersdoms in Rom unterstützen.

Was Luther aber nun zu spüren bekommt: Statt dass Hochschulkollegen sich mit seinen 95 Thesen beschäftigen – sie schweigen allesamt –, wird die Schrift in rasendem Tempo im Volk verbreitet; und es erscheinen viele weitere Publikationen für und gegen Luther. Im ganzen Reich setzt ein publizistischer Streit um Luther ein, denn er hat das Kunststück fertiggebracht, die Kirche an ihren wunden Punkten zu treffen. Jetzt interessieren sich hohe kirchliche Stellen für ihn. Das flößt ihm zunächst durchaus Angst ein: »Das Lied wollte mir zu hoch werden.« Andererseits fühlt er sich von Gott geleitet, wie er etwa 15 Jahre später sagt: »In die Arbeit des Evangeliums bin ich unwissend von Gott hineingestoßen worden. Hätte ich vorausgesehen, was ich jetzt hinter mir habe, hätte ich mich nie hineintreiben lassen. Aber Gottes Weisheit ist größer als die des Menschen. Der hat mich einfach geblendet, wie man ein Pferd blendet, wenn man auf die Bahn reiten soll. Darum, als ich zuerst anfing, sagte ich unserem Herrgott mit großem Ernst und von ganzem Herzen in meinem Stüblein: wenn er ein Spiel mit mir anfangen wollte, dass er es allein für sich täte und mich davor behütete, dass ich nicht mich, das heißt, meine Weisheit, hineinmengte. Dieses Gebet hat er gewaltig erhört. Er gebe weiter Gnade.«

Anfangs geht der Vatikan recht vorsichtig gegen Luther vor. Ein Hoftheologe wird mit Voruntersuchungen beauftragt, ob es sich bei den Thesen um Ketzerei handeln könnte. Ketzerei sind Meinungen oder Aussagen, die mit den Lehren der katholischen Kirche nicht übereinstimmen; es wäre ein schwerer Vorwurf – der böhmische Theologe Johannes Hus ist deswegen 1415 beim Konzil in Konstanz auf dem Scheiterhaufen verbrannt worden. Aber man will es sich vorerst weder mit dem Augustinerorden noch mit Luthers Landesherrn, dem Kurfürsten Friedrich dem Weisen, verderben. Das Gutachten des Theologen fällt freilich eindeutig aus: »Wer im Blick auf die Ablässe sagt, die römische Kirche dürfe das nicht tun, der ist ein Ketzer.«

Die Vatikan-Oberen meinen jedoch, dass sie es mit einer kleinen Affäre zu tun haben und das Mönchlein ohne Mühe zur Räson bringen können. Luther soll innerhalb von 60 Tagen vor dem Papst erscheinen und sich zu seinen Thesen erklären. Dabei soll ihm gründlich der Kopf gewaschen werden. Kurfürst Friedrich, der Luther ausliefern soll, stellt sich aber quer. Er ist zeitlebens ein guter Katholik – sein ganzer Stolz ist eine große Reliquiensammlung in der Wittenberger Schlosskirche, mit der er seinen Aufenthalt im Fegefeuer günstig zu beeinflussen hofft. Aber der Kritik an den Ablass-Aktivitäten im benachbarten Herzogtum Sachsen stimmt er in vollem Umfang zu; aus seiner Sicht sollen die Ablass-Einnahmen im eigenen Land bleiben und nicht nach Rom und Mainz abfließen. Das Vorgehen gegen Luther wertet er außerdem als Angriff auf seine Wittenberger Universität, das will er keinesfalls dulden.

Leo X. lenkt ein. Luther braucht nicht nach Rom zu kommen, wo niemand für seine Sicherheit garantieren kann. Er soll vielmehr in Anwesenheit von Kaiser und Reichsfürsten beim Reichstag in Augsburg verhört werden, und das Verhör soll in »väterlicher« und nicht »richterlicher« Art geführt werden. Es gibt aus Sicht der Mächtigen Wichtigeres: Kaiser Maximilian I. steht gerade am Ende seiner Regentschaft; alle bringen sich in Position, um den richtigen Nachfolger ins Amt zu bringen. Große Sorgen bereiten die Osmanen, die seit einigen Jahren ins Reich einzufallen versuchen. Mit dem Mönchlein, das mit einem sehr ungestüm Gefühl nach Augsburg angereist ist, beschäftigt sich der päpstliche Legat Kardinal Cajetan, der sich bei dem Verhör vom 12. bis 14. Oktober 1518 versöhnlich gibt: Luther soll seine Thesen widerrufen, damit wäre die Angelegenheit erledigt. Allerdings hat er auch Anweisung, Luther verhaften und nach Rom bringen zu lassen, falls der sich nicht fügt; eventuelle Fürsprecher würden unverzüglich von Rom verdammt.

Im Gespräch mit Cajetan wird Luther zunehmend mutiger. Er erkennt die Autorität des Papstes an, fordert aber das Recht, theologische Ansichten über den Ablass zu äußern, es sei denn, sie würden durch die Bibel widerlegt. Der päpstliche Gesandte geht darauf nicht ein, sondern fordert ihn auf zu widerrufen. Luther erbittet Bedenkzeit. Cajetan sieht darin das Zeichen, dass der Mönch einlenken will, aber der spürt nun, dass er viele Unterstützer hat, und weigert sich. Nach fruchtlosen Diskussionen über die Auslegung von Schriftstellen sagt er keck: »Eure Väterlichkeit wollen doch nicht glauben, dass wir Deutschen nicht auch die Grammatik verstehen!« Cajetan reißt der Geduldsfaden: »Geh! Komm mir nicht wieder vor die Augen, es sei denn zum Widerruf!«

Damit sind die Weichen gestellt. Eine gütliche Einigung mit Rom erscheint nach diesem Verhör nur noch schwer möglich. Cajetan verlangt von Kurfürst Friedrich die Auslieferung Luthers, aber der denkt nicht daran. Luther erwartet inzwischen, aus der Kirche ausgeschlossen zu werden. Zunächst aber bekommt er es mit einem neuen Gegner zu tun. Der Ingolstädter Theologe Johannes Eck, ursprünglich Korrespondenzpartner Luthers, lädt ihn Anfang 1519 zu einem Disput an die Uni Leipzig. Eck ist ein schwerer Gegner, denn er ist – im Gegensatz zu dem aufsässigen Mönch – im Kirchenrecht und in päpstlichen Dekreten bestens bewandert. Er ist entschlossen, nachzuweisen, dass Luther sich im Widerspruch zu Rom befindet. Luther lässt sich in die Enge treiben und zu der Aussage hinreißen, der hingerichtete Ketzer Johannes Hus habe in vielem recht gehabt – der

»Solus Christus« und »sola scriptura« lauten zwei der vier Kernsätze, zu der die komplexe reformatorische Theologie Luthers zusammengefasst werden kann. **Allein** *(solus)* **Jesus Christus,** der wahre Mensch und wahre Gott, kann durch seinen stellvertretenden Tod am Kreuz den Menschen vor dem Gericht Gottes erretten. Keine Bußhandlungen, kein Ablass bewirkt die Vergebung der Sünden. In dieser biblischen Erkenntnis lag die große Sprengkraft der Reformation, stellte sie doch den einzelnen Gläubigen direkt vor Gott – die Kirche und die Priester, die eine Mittlerrolle einnehmen wollten, wurden ihrer vermeintlichen Macht enthoben.

Sola scriptura, allein die Heilige Schrift – dieser Satz besagt, dass die Quelle des christlichen Glaubens die Bibel allein sei. Nicht die päpstlichen Schriften und Enzykliken und auch nicht die kirchliche Tradition bestimmen, was Christen glauben sollten – nur das Wort Gottes verfügt über diese Autorität.

»Sola fide« und »sola gratia« lauten die anderen beiden Kernsätze der lutherischen Reformation: Nur durch den **Glauben *(fide)*,** nicht durch eigene Werke erlangt ein Mensch das Heil. Verdienen kann man sich den Himmel also nicht, die Erlösung beruht ganz auf der **Gnade *(gratia)* Gottes.** Diese Grundüberzeugungen, die Luther in der Bibel entdeckte, waren zu seiner Zeit ein Skandal. Die Kirche und ihre geweihten Priester verstanden sich als Vermittler der Gnade – doch die »Sola-Bestimmungen« versicherten den Gläubigen, dass sie selbst, ohne menschliche Mittler in die Gegenwart Gottes treten durften. ¶

Philipp Melanchthon, Reformator

Papst und auch das Konzil von Konstanz hätten damals geirrt. Das hat er bisher nie behauptet. Eck triumphiert: Luther hat sich selbst als Ketzer entlarvt. Aber der verfasst nach seiner Heimkehr drei Schriften, mit denen er seine neuen Positionen, die weit über seine ursprüngliche Kritik hinausgehen, festklopft – und seine Niederlage gegen Eck in einen publizistischen Sieg umwandelt.

Die erste trägt den Titel »An den christlichen Adel deutscher Nation von des christlichen Standes Besserung«. Luther unterstellt die Autorität des Papstes und von Konzilien der der Bibel; alle Christen sollen das Recht haben und dazu befähigt werden, die Bibel auszulegen. Er kritisiert den Zölibat, die Finanzgeschäfte und die Ausschweifung des Klerus. In seiner zweiten Schrift »Von der babylonischen Gefangenschaft der Kirche« nimmt er sich speziell die Trennung von Priesterschaft und Laien vor und betont, nach dem Kreuzesopfer Jesu seien keine Priester mehr nötig, die symbolische Opferriten vollziehen. In der Schrift »Von der Freiheit eines Christenmenschen« schließlich entwirft Luther seine zentrale Erkenntnis, dass Menschen nur durch den Glauben an Jesus Christus, nicht durch eigene Werke von ihrer Schuld befreit werden. In ihr finden sich die berühmten Sätze: »Ein Christenmensch ist ein freier Herr über alle Dinge und niemand untertan. Ein Christenmensch ist ein dienstbarer Knecht aller Dinge und jedermann untertan.« Damit meint er: Wer sich zum Glauben an Jesus Christus bekehrt hat, ist frei von aller Sünde und braucht sich um sein Seelenheil keine Sorgen mehr zu machen. Wer so errettet ist, wird jedoch aus Dankbarkeit sein Leben ändern und sich unermüdlich für das Wohl der anderen einsetzen. Diese drei Schriften werden in Windeseile im ganzen Volk verbreitet – aber nur allzu oft wenigstens teilweise missverstanden.

Rom wird nun aktiv. Die Universitäten Köln und Löwen werden veranlasst, Luthers Lehren zu verurteilen und seine Schriften zu verbrennen. Außerdem wird ihm in einem Beschluss von Papst Leo X. die Exkommunikation angedroht, wenn er nicht endlich widerruft. Diese sogenannte Bulle verbrennt Luther, wie zu Beginn dieses Buches erwähnt, zusammen mit dem gesamten Kirchenrecht und den Papst-Dekreten am 10. Dezember 1520 vor dem Wittenberger Elstertor in der Nähe der Heiligkreuzkirche. Daraufhin wird er tatsächlich aus der Kirche ausgestoßen, und die weltliche Regentschaft wird angewiesen, ihn zu bestrafen. Damit aber wird er in den Augen der breiten Bevölkerung zunehmend zum exemplarischen Rebellen gegen Rom.

Inzwischen ist Kaiser Maximilian I. gestorben und der Habsburger Karl V. nachgerückt. Luther wird erneut zum Reichstag, diesmal in Worms, vorgeladen. Etliche Reichsfürsten verlangen, dass er zuerst angehört wird und freies Geleit erhält. Nur das lange Zögern im Vatikan ist schuld, dass der Mönch, schon vom Papst gebannt, noch einmal allerhöchstes Gehör findet. Auf seiner Reise nach Worms mobilisiert er überall die Massen – alle wollen ihn sehen, ihn hören, mit ihm sprechen, ihm einen Ehrentrunk überreichen. Am 17. und 18. April 1521 tritt Luther vor Kaiser, Fürsten und ihrem Gefolge auf. Er soll bestätigen, dass die beanstandeten Schriften von ihm stammen, und dann alles widerrufen. Diesmal hat Luther keine Angst. Wieder erbittet er Bedenkzeit, hat sich aber wohl schon von Anfang an zurechtgelegt, was er sagen wird: »Werde ich nicht durch Zeugnisse der Schrift (das heißt: der Bibel) oder durch klare Vernunftgründe überwunden – denn ich glaube weder dem Papst noch den Konzilien allein, da auf der Hand liegt, dass sie des Öfteren geirrt und sich selbst widersprochen haben –, so bleibe ich überwunden durch die von mir angeführten Stellen der Schrift und mein Gewissen gefangen durch Gottes Wort. Widerrufen kann und will ich nichts, denn es ist weder sicher noch heilsam, gegen das Gewissen zu handeln. Gott helfe mir. Amen.«

Dass Luther sein Gewissen höher achtet als die Kirche, ist neu. Es ist die Folge seines persönlichen

Glaubens an Gott – keinem Papst, keinem Kaiser oder sonstigen Mächtigen ordnet er ihn unter. Karl V. hält sein Versprechen, dass Luther freies Geleit genießt. Freilich will er sofort nach seiner Aussage mit dem Wormser Edikt die Reichsacht über ihn verhängen. Ein Geächteter oder Vogelfreier wurde rechtlos; jeder war verpflichtet, ihn gefangen zu nehmen, oder durfte ihn straflos töten. Aber sein Landesherr, Kurfürst Friedrich, leistet hinhaltenden Widerstand. Ehe der Kaiser ihn ergreifen kann, ist Luther weg.

Sein Meisterwerk: Die Luther-Bibel

Auf der Rückfahrt nach Wittenberg mit seinem »Wägelchen«, wie Luther das nennt, wird er von einer Eskorte begleitet, die ihn nach einiger Zeit allein weiterreisen lässt. Nur noch ein Mitbruder und der Kutscher sind bei ihm. Da überfällt sie bei Schloss Altenstein im Thüringer Wald eine unbekannte Reitergruppe und verschleppt Luther. Er weiß, dass das zu seinem Besten dienen soll. Kurfürst Friedrich hat veranlasst, ihn von der Bildfläche verschwinden zu lassen, ist aber sicherheitshalber selbst über die Details nicht unterrichtet. Luther wird auf die Wartburg gebracht, wo er vorläufig untertauchen soll.

Die Nachricht von seiner Entführung macht schnell die Runde; viele sind überzeugt, dass er umgebracht worden ist, es wird sogar erzählt, seine Leiche sei gefunden worden. Nicht alle glauben das, aber seine Gegner haben keine Spur von ihm. Auf der Burg verändert Luther seine äußere Erscheinung: Er zieht ein Rittergewand an, lässt seine Haare wachsen und sich einen Vollbart stehen – er ist jetzt »Junker Jörg«.

Damit ihm in seinem Versteck nicht langweilig wird, hat er zwei Bibelausgaben mitgenommen:

ein griechisches Neues Testament, das durch Erasmus von Rotterdam und die Humanisten zugänglich geworden ist, und eine hebräische Bibel; Hebräisch ist die Sprache des Alten Testaments. Das ist Luthers Berührungspunkt mit dem Humanismus: Wie jene Gelehrten will auch er zur antiken Originalsprache, zu den Quellen zurück. Die seit dem 4. Jahrhundert existierende lateinische Übersetzung, Vulgata genannt, hat sich durch jahrhundertelangen Gebrauch in der Kirche vom Urtext entfernt und genügt Luther daher nicht mehr.

Er verfasst einige weitere Schriften, dann beginnt er mit seinem wohl größten und einflussreichsten Werk, der Übersetzung der Bibel ins Deutsche. Freunde haben ihn darum gebeten, auch wenn es schon etliche deutsche Bibelfassungen gibt. Luther nimmt sich zuerst das Neue Testament vor; an das Alte Testament traut er sich wegen seiner schlechten Hebräisch-Kenntnisse noch nicht heran. Innerhalb von nur elf Wochen übersetzt Luther auf der Wartburg das ganze Neue Testament sowie die Psalmen und die Sprüche Salomos ins Deutsche – eine unerhörte Arbeitsleistung. Er unterzieht sich der Arbeit, weil ihm wichtig ist, dass das allgemeine Volk die Bibel lesen kann. Er hat schließlich selbst die Erfahrung gemacht, dass er durch anhaltende Bibellektüre zum wahren Glauben gefunden hat.

Die Wartburg und das Neue Testament

Nachdem sich Luther auf dem Reichstag in Worms geweigert hatte, seine Lehren und Schriften zu widerrufen, stand es schlecht um seine persönliche Sicherheit. Der Papst hatte ihr bereits drei Monate zuvor exkommuniziert – nun fehlte nur noch die drohende Reichsacht und der angehende Reformator wäre als »Vogelfreier« auf dem Scheiterhaufen gelandet. Doch so weit sollte es nicht kommen: Auf dem Weg zurück nach Wittenberg wird er überfallen. Eine Gruppe von Reitern, mit Armbrüsten bewaffnet, entführt den rebellischen Mönch. Seine Freunde sind sich sicher: Dies ist das Ende von Martin Luther! Doch die Entführung war eine Finte und in Wirklichkeit eine Rettungsmission Friedrichs des Weisen, seines sächsischen Kurfürsten. Die Reiter hängen ihre Verfolger ab und gelangen in der Nacht zur rettenden Wartburg – 200 Meter über Eisenach gelegen. Hier verbringt Luther als »Junker Jörg« getarnt die nächsten zehn Monate. Langeweile und ungesundes Essen plagen seinen Geist und seinen Körper. Doch er hat sich Großes vorgenommen – in nur elf Wochen übersetzt er das Neue Testament ins Deutsche. Es war nicht die erste Übersetzung der Bibel, doch die am besten verständliche. Luther orientierte sich an der vom gemeinen Volk gesprochenen »sächsischen Kanzleisprache«. »Man muss«, schreibt er, »die Mutter im Hause, die Kinder auf der Gasse, den gemeinen Mann auf dem Markt drum fragen und denselbigen auf das Maul sehen, wie sie reden und danach dolmetschen.« Sein Neues Testament ist ein Bestseller und die erste Auflage von 3 000 Exemplaren sofort nach Erscheinen vergriffen. Doch nicht nur das: Es sollte Deutschland und die Welt für immer verändern. Das Wort Gottes war nun für jedermann verständlich und seine lebensverändernde Kraft auch dem gemeinen Mann, der einfachen Frau zugänglich. Kurz bevor sein Neues Testament erscheint, kehrt Luther nach Wittenberg zurück – das Verhandlungsgeschick seines Kurfürsten sollte ihn vor dem Papst beschützen, solange er sich in Sachsen aufhielt. ¶

Als er als Theologielehrer an der Uni Wittenberg anfing, galt noch die mittelalterliche Praxis der vierfachen Schriftauslegung: Ein Bibelvers musste nacheinander historisch (nach dem anfänglichen Wortsinn, sofern zu ermitteln), im übertragenen Sinn, nach rhetorischen Regeln und nach seinem tieferen Sinngehalt ausgelegt werden; da wusste oft am Ende niemand mehr, was eine Bibelstelle nun wirklich aussagt. Luther geht davon aus, dass eine Stelle in der Regel so zu verstehen ist, wie sie dasteht. Für ihn ist die Bibel Gottes Wort, und Gott möchte den Leser direkt ansprechen, ihm ins Herz sprechen – so hat er es erfahren. Die Bibel bringt die entscheidende Botschaft, dass Gott aus Gnade und im Glauben durch die Erlösung in Jesus Christus Sünden vergibt, und dieses Evangelium muss jeder Mensch kennen.

Vor allem aus zwei Gründen macht sich Luther an die Arbeit: Zum einen gibt es noch keine Übersetzung, die von den zahlreichen Landsmannschaften – den Bayern wie den Friesen, den Rheinländern wie den Sachsen – gleichermaßen verstanden wird. Es gibt zwar zu dieser Zeit keine deutsche Nation, aber er hat die Vorstellung eines deutschen Volkstums. Zum anderen kranken fast alle bisherigen Übersetzungen daran, dass sie sich zu eng an den Originaltext anlehnen. Vieles müsste man im Deutschen anders ausdrücken als im Lateinischen oder Griechischen, damit der Sinn verständlich wird, und das hat Luther vor. Nebenbei bemüht er sich auch um eine einfache Sprache, die dem entspricht, was die Leute auf der Straße sprechen, damit sie nicht durch zu hochgestochenes Deutsch gehindert werden, die Bedeutung der biblischen Texte zu erfassen.

Luther erklärt sein Vorgehen später im »Sendbrief vom Dolmetschen« so: »Also, wenn der Verräter Judas sagt Matth. 26, V. 8: Ut quid perdito hæc? und Marci 14, V. 4: Ut quid perditio ista ungenti facta est? Folge ich den Buchstabilisten, so muss ich's also verdeutschen: ›Warum ist diese Verlierung der Salbe geschehen?‹ Was ist aber das für Deutsch? Welcher Deutsche redet also ›Verlierung der Salben ist geschehen‹? Und wenn er's wohl verstehet, so denkt er, die Salbe sei verloren, und müsse sie etwa wiedersuchen; wiewohl auch das noch dunkel und ungewiss lautet. Aber der deutsche Mann redet also: Ut quid etc. ›Was soll doch solcher Unrat?‹ oder ›Was soll doch solcher Schade?‹ Item: ›es ist schade um die Salbe‹. Das ist gut Deutsch, daraus man verstehet, dass Magdalene mit der verschütteten Salbe sei unrätlich umgegangen und habe Schaden getan; das war Judas' Meinung.«

Dass Luthers Deutsch zum Standard wird und die Menschen in allen Teilen des Reichs verbindet, liegt auch an der rasenden Verbreitung seines

Neuen Testaments und all seiner späteren Bibelausgaben. Noch zu seinen Lebzeiten erwirbt jeder dritte Deutsche, der lesen kann, ein Exemplar der Luther-Bibel. Dabei muss man bedenken, dass die Gutenberg-Revolution des Druckens Bücher zwar erheblich verbilligt, aber der Preis von eineinhalb Gulden für eine Bibel entspricht immer noch einem bis zwei Monatslöhnen. Dank Luthers verständlicher Sprache kann sie auch den Analphabeten gut vorgelesen werden. So werden unzählige Ausdrücke der Lutherbibel sprichwörtlich: »wider den Stachel löcken«, »in den Wind sprechen«, »das Herz ausschütten«, »ohne Ansehen der Person«, »der Stein des Anstoßes« oder »seine Hände in Unschuld waschen« lassen sich alle auf die Lutherbibel zurückführen. Auch durch den Reiz des Verbotenen wird sie viel gelesen.

Man muss bedenken, dass es in der römisch-katholischen Kirche das gesamte Mittelalter hindurch nicht gern gesehen war, wenn Laien außerhalb des liturgischen Rahmens etwas aus der Bibel hörten oder sie sogar lasen. Das Konzil von Narbonne 1229 hatte den privaten Gebrauch der Bibel ausdrücklich verboten, denn bibeltreue Bewegungen wie die Katharer und die Waldenser hatten den Machtanspruch des Vatikan immer wieder infrage gestellt. Die Kirche wollte sich damit das Vorrecht sichern, die Heilige Schrift so zu verwenden und auszulegen, wie sie das wollte. So konnte sie im Einklang bleiben mit zusätzlichen Schriften und gewachsenen Traditionen, die bei genauer Betrachtung im Widerspruch zur Bibel standen. Solange nur die lateinische Vulgata verbreitet war und die meisten Menschen ohnehin nicht lesen, geschweige denn Latein verstehen konnten, hatten diese Bestimmungen freilich kaum praktische Auswirkungen.

Der Herzog von Sachsen, Georg der Bärtige, versucht, den Erfolg von Luthers Bibel zu stoppen. Wer ein solches Buch erwirbt, soll in seinem Land bestraft werden; schon gekaufte Exemplare müssen bei seinen Behörden abgeliefert werden. Da die Sanktionen nicht greifen, verspricht er, die Kosten des Bibelkaufs zu ersetzen. Die Resonanz ist jedoch bescheiden – in Leipzig werden insgesamt vier Bibeln zurückgegeben.

Der Reformator
und die hohe Politik

Martin Luther ist nicht der Rebell, den viele in ihm sehen. Einige verkürzen seine Lehre zu der Aussage: Ein Christ ist frei und niemandem untertan – also, lasst uns die Herrschaft der Kirche und des Adels stürzen! Arme sehen die Schriften Luthers als Freibrief, mit den Reichen abzurechnen. Dem Reformator liegt nichts ferner: »Ja, freilich ist's wahr, dass Christen um ihrer selbst willen keinem Recht noch Schwert untertan sind noch seiner bedürfen. Aber sieh zu und mach die Welt zuvor voll rechter Christen, ehe du sie christlich und evangelisch regierst. Ein ganzes Land oder die Welt mit dem Evangelium zu regieren sich unterfangen, das ist deshalb ebenso, als wenn ein Hirt Wölfe, Löwen, Adler, Schafe in einem Stall zusammentäte und sagte: Da weidet und seid rechtschaffen und friedlich untereinander.«

Einen Vorgeschmack auf Entwicklungen, die Luther noch in die Klemme bringen werden, geben Vorgänge in Wittenberg. Während er auf der Wartburg sitzt, wollen Freunde, darunter sein Doktorvater Andreas Karlstadt, die Kirche umgestalten. Aus dem Gottesdienst verschwinden durch

Beschluss von Stadtrat und Universität alle Musik, Formelgebete, das Messgewand des Priesters und das Messopfer. Jeder soll sich jetzt selbst Brot und Wein nehmen, statt dass der Priester ihm die Hostie in den Mund schiebt. Viele Bürger werden dadurch verunsichert.

Kurz darauf tauchen Männer aus Zwickau auf, die behaupten, von Gott gesandt zu sein, und die neue Prophezeiungen verkünden; einer von ihnen ist Thomas Müntzer. Schließlich beginnt Anfang 1522 ein Bildersturm – Gemälde, Skulpturen, selbst Kruzifixe werden aus den Kirchen entfernt und vernichtet, weil sie angeblich Abgötter sind. Verwirrung und Unruhe nehmen zu. Luther wird über alles informiert und entschließt sich, trotz Lebensgefahr nach gut einem Dreivierteljahr Exil nach Wittenberg zurückzukehren.

Im März 1522 gibt er die Maskerade des Junker Jörg auf, reist in das Städtchen, wo er freudig begrüßt wird, und steigt auf die Kanzel: »Summa summarum: predigen will ich's, sagen will ich's, schreiben will ich's. Aber zwingen, mit Gewalt dringen will ich niemand, denn der Glaube will willig, ungenötigt angenommen werden.« Nach einer Woche hat Luther die Lage wieder beruhigt. Er beginnt nun selbst behutsam mit der Umgestaltung des Gottesdienstes, schreibt neue, deutschsprachige Kirchenlieder, verfasst Katechismen, denen Pfarrer und Kirchenmitglieder die wichtigsten Glaubensgrundsätze entnehmen können, und ruft 1524 alle deutschen Einzelstaaten und Städte dazu auf, die schulische Bildung zu verbessern, damit die Menschen die Möglichkeit haben, das Evangelium zu lesen und zu verstehen.

Aber auch andernorts werden Kirchen gestürmt, Kanzeln besetzt, Vertreter der alten Kirche bedroht und misshandelt. Es zeichnet sich eine Spaltung der Fürstentümer im Reich ab: Die einen halten Rom die Treue, die anderen verhelfen Luthers Reformation zum Durchbruch. Auf diese Auseinandersetzungen kann er nur noch begrenzt Einfluss nehmen. Und bald brechen Unruhen weit größeren Ausmaßes aus. Die Reichsritter, die im Krieg zunehmend entbehrlich werden, greifen in den konfessionellen Streit ein. Ihre Leitfigur, Franz von Sickingen, verliert aber bei der Belagerung seiner Burg 1523 sein Leben, was zum Symbol für den Machtverlust des Ritterstands wird. 1524 und 1525 kommt es zu einer Massenerhebung von Bauern, die schon seit Langem versuchen, die Herrschaft von Kirche und Adel abzuschütteln.

In Memmingen werden die Zwölf Artikel verabschiedet, eine Mischung aus Forderungen nach kirchlichen Reformen und nach Abschaffung von Abgaben, Frondiensten, der Leibeigenschaft und Erbbeschränkungen. Das wird mit Bibelzitaten begründet, die Schriften Luthers geben dazu den Anstoß. Die Bauernbewegung zielt jedoch hauptsächlich darauf ab, ihre wirtschaftliche Lage zu verbessern. Thomas Müntzer, ursprünglich von Luther gefördert, wird zum Vordenker und Lenker im Bauernkrieg, der an verschiedenen Orten im Reich gleichzeitig ausbricht. Die Bauernhaufen sind den kriegserfahrenen Söldnertruppen der Herrschaften jedoch in den meisten Fällen hoffnungslos unterlegen. Ihre Bewaffnung besteht teilweise nur aus Mistgabeln, Dreschflegeln und Sensen. Zum Zeichen ihrer endgültigen Niederlage wird die Schlacht bei Frankenhausen in Thüringen, wo ein Bauernheer gegen vereinigte Truppen aus Sachsen, Hessen und Braunschweig antritt und eine verheerende Niederlage erleidet. Müntzer, der die Bauern mit einer feurigen Predigt in die Schlacht getrieben hat, wird gefangen genommen, gefoltert und hingerichtet.

Zu Änderungen oder Reformen der Ständeordnung, der politischen Machtverhältnisse und der wirtschaftlichen Lage der Menschen führt die Reformation nicht. Das hat Luther auch nie beabsichtigt. Die Anliegen der Bauern hält er zwar für berechtigt, wie er zunächst 1525 in der »Ermahnung zum Frieden auf die zwölf Artikel der Bauernschaft in Schwaben« schreibt, nachdem ihn die Bauern als Schiedsrichter angerufen haben.

Ihm geht es aber ausschließlich um das geistliche Wohl des Menschen. Die Fürstenherrschaft sieht er letztlich als gottgegeben an. Deshalb fühlt er sich schließlich veranlasst, mit dem Traktat »Wider die räuberischen und mörderischen Rotten der Bauern« Position zu beziehen: »So bitte ich nun: Fliehe von den Bauern, wer da kann, wie vom Teufel selbst! Die aber nicht flüchten, bitte ich, Gott wolle sie erleuchten und bekehren. Welche aber nicht zu bekehren sind, da gebe Gott, dass sie weder Glück noch Gelingen haben mögen.« Da haben die Bauern freilich schon den Kürzeren gezogen – er kann zu dieser Zeit über das kriegerische Geschehen noch nicht tagesaktuell informiert sein. Luther distanziert sich zwar noch von der Brutalität der Fürsten, aber in der aufgeheizten Stimmung wird das kaum wahrgenommen. Die Bauern geben ihm nun die Schuld für ihre blutige Niederlage, die Fürsten machen ihn dafür verantwortlich, dass sich die Bauern überhaupt erhoben haben.

Rückblickend gibt er sich eine Mitschuld an der Niederlage der Bauern: »Ich habe im Aufruhr alle Bauern erschlagen; all ihr Blut ist auf meinem Hals. Aber ich schiebe es auf unseren Herrgott; der hat mir befohlen, solches zu reden. Freilich der Teufel und die gottlosen Leute, die töten, die haben kein Recht dazu. Unsre Obrigkeit hat heute recht gut zu unterscheiden gelernt zwischen einer privaten und einer öffentlichen Person und nimmt ihr Recht wahr, aber sie missbraucht es rechtschaffen gegen das Evangelium und seine Diener. Das soll ihnen aber nicht zum Guten gedeihen!« Trotzdem ist Luther bei seinen Gegnern seit dem Bauernkrieg als »Fürstenknecht« verschrien.

Katharina von Bora

13. Juni 1525: Ein ehemaliger Mönch heiratet eine ehemalige Nonne! Was noch wenige Jahre zuvor einem unsäglichen Skandal gleichgekommen wäre, machte die Reformation möglich. Natürlich ist hier von Martin Luther und seiner Frau Katharina von Bora die Rede – dem Pfarrersehepaar par excellence.

Katharina von Bora wurde 1499 als Tochter eines verarmten Adligen in der Nähe von Leipzig geboren. Schon früh – wohl aufgrund des Todes ihrer Mutter und der prekären Verhältnisse in der Familie – tritt sie ins Kloster Nimbschen bei Grimma ein und wird 1515 Nonne. Doch schon bald erobern die reformatorischen Lehren Luthers und seiner Freunde das Land. Für diejenigen, die an das Evangelium glaubten, glich es einer großartigen Befreiung. Für Katharina von Bora führte die Reformation sogar zu einer tatsächlichen Befreiung: In der Osternacht 1523 fuhr Leonhard Koppe, Ratsmann von Torgau, in Nimbschen vor und entführte auf seinem Planwagen zwölf Nonnen aus dem Kloster. Der Glaube, dass Jesus durch seinen Sühnetod am Kreuz alle Schuld bezahlte, bedeutete auch, dass alle menschlichen Bußanstrengungen nutzlos waren. Gottes Plan für die Menschen war nicht, dass sie sich hinter hohen Klostermauern vor der sündigen Welt verschanzen sollten. Christen sollten »in der Welt« sein, doch dabei immer so leben, als ob sie nicht »von der Welt« waren – ihre Heimat war nicht hier, sie waren Durchreisende auf dem Weg zu ihrem Gott.

Die befreiten Nonnen fanden schon bald liebende Ehemänner und gründeten Familien. Auch Katharina wollte gerne heiraten – und Martin Luther wurde ihr Gatte. Die Eheschließung zwischen Mönch und Nonne war aufsehenerregend und eine Art »gelebte Reformation«. Katharina kümmerte sich als fleißige Kleinunternehmerin um Haus, Gäste, Landwirtschaft, Viehzucht und ihre eigene kleine Brauerei! Die beiden bekamen sechs Kinder, von denen zwei früh verstarben. Nach dem Tod Luthers 1546 musste Katharina mehrmals aus Wittenberg fliehen – vor dem Schmalkaldischen Krieg und vor der grassierenden Pest. Auf der Flucht nach Torgau hatte sie mit ihrer Kutsche einen Unfall und starb 1552 an dessen Folgen. Katharina ging als starke Frau an Luthers Seite in die Geschichte der Reformation ein. Es lohnt sich, ihr Leben und ihren Glauben genauer zu betrachten. ¶

Der gefallene Mönch und die gefallene Nonne

Am 13. Juni 1525, noch in den Wirren des Bauernkriegs, heiratet Luther. Zunächst klingt das nicht so, als sollte das die Welt in Aufregung versetzen. So war es aber. Nicht nur seine Gegner erheben Geschrei über einen willkommenen neuen Fehltritt des Reformators, dessen Ruf sie nur zu gern beschädigen wollen. Auch seine Freunde sind befremdet, manche gar entsetzt. Luther hat schließlich ein Mönchsgelübde abgelegt und ist geweihter Priester. Gegen das römisch-katholische Priestertum polemisieren ist das eine, die Vorschrift der Ehelosigkeit missachten das andere. Zumindest wird der Zeitpunkt der Vermählung als falsch gewählt betrachtet – überall im Land ziehen Soldaten und aufständische Bauern umher, plündern, brandschatzen, bringen sich gegenseitig und auch die Zivilbevölkerung um oder werden aufgehängt oder geköpft. Just zu dieser Zeit eine fröhliche, ausgelassene Hochzeitsfeier?

Die Braut heißt Katharina von Bora, genannt Käthe, ist 26 Jahre alt, also 16 Jahre jünger als Luther, und kommt wie er aus dem Kloster. Von 1508 bis 1523 war sie Nonne im Kloster Nimbschen bei Grimma, das zum herzoglichen Sachsen gehört. Sie ist von ihrer adligen, aber nicht begüterten Familie dort schon als Kind untergebracht worden, damit sie versorgt ist. Zusammen mit acht Mitschwestern beschließt sie jedoch, aus dem Kloster zu fliehen. Helfer von außen schmuggeln die Frauen in einem geschlossenen Wagen hinaus und bringen sie nach Wittenberg, wo sie in Sicherheit sind. Dort werden die Nonnen notdürftig aufgenommen; entsprechend den damaligen Verhältnissen haben sie nun keine andere Perspektive als die Ehe. Katharina interessiert sich für den Sohn eines reichen Nürnberger Handelsherrn, aber der untersagt die Verbindung strikt. Luther könnte sich für sie einen der Reformation nahestehenden Pfarrer aus Thüringen als Bräutigam vorstellen, aber den will sie nicht.

Luther selbst glaubt, eine Ehefrau nicht unterhalten zu können. Er besitzt nichts außer zwei silbernen Ehrenbechern und bezieht, wie schon erwähnt, ein eher bescheidenes Professorengehalt. Katharina ist völlig mittellos. Aber da sie ohne Mann zu bleiben droht und nach den Maßstäben ihrer Zeit aus dem Heiratsalter schon fast heraus ist, entschließt er sich, sie zu heiraten. Romantische Gefühle spielen, wenn überhaupt, eine untergeordnete Rolle. Luther will mit dieser Verbindung aber auch ein Zeichen setzen. In der Einladung zur

Hochzeitsfeier schreibt er: »Welch ein Zetergeschrei, liebe Herren, habe ich mit dem Büchlein gegen die Bauern angerichtet! Da ist alles vergessen, was Gott der Welt durch mich getan hat! Nun sind Herren, Pfaffen, Bauern, alles gegen mich und drohen mir den Tod an. Wohlan, weil sie denn toll und töricht sind, will ich mich auch bereit machen, dass ich vor meinem Ende in dem von Gott erschaffenen Stande gefunden werde und nichts von meinem früheren papistischen (das heißt päpstlichen) Leben an mir übrig bleibe, soviel an mir liegt.«

Die Ehe ist für ihn kein Sakrament, wie die althergebrachte Kirche lehrt, aber eine Gottesgabe: »Hat jemand Gnade und Frieden in der Ehe, so ist dies ein Geschenk, das der Erkenntnis des Evangeliums am nächsten steht. Man findet viele lieblose Eheleute, die sich weder um die Kinder kümmern noch untereinander Liebe haben; das sind keine Menschen mehr. Das ist die größte Gnade: einen treuen Gatten zu haben, dem du alles anvertrauen, mit dem du Kinder zeugen kannst.«

Trotz mangelnder gegenseitiger Zuneigung – er hat sie für hochmütig gehalten, sie ist jedenfalls selbstbewusst – wird es offenbar eine sehr glückliche Verbindung. Luther hat eine unordentliche Gelehrtenexistenz geführt. Dem macht Käthe schnell und tatkräftig ein Ende. Das Schwarze Kloster, das Kurfürst Friedrich Luther als Wohnung überlassen hat, verwandelt sie in eine gut gehende Landwirtschaft. Sie ist in der Lage, Luthers häufige Gäste zu bewirten, und ist auch eine charmante Gastgeberin. Mit den Studenten, die sie als Mieter aufnimmt, schafft sie eine zusätzliche Einnahmequelle. Wenn Epidemien wie die Pest im Land grassieren, macht sie das ehemalige Kloster darüber hinaus zur Krankenstation und pflegt zusammen mit anderen Frauen die Patienten. Ihm ist bewusst, was er an ihr hat: »Gott hat es gut mit mir gemeint, dass er mir ein solches Weib gab, das für das Hauswesen sorgt.«

Luther hat bei seiner Heirat auch an seinen Vater gedacht. Die einstige Entscheidung, Mönch zu werden, hat Hans Luther auch deshalb geschmerzt, weil so vom Sohn keine Nachkommenschaft zu erwarten ist. Nun ist er mit seinem Vater endlich völlig versöhnt. Luther und Käthe haben sechs Kinder. Zwei Mädchen sterben früh; ein Sohn, Paul, wird Leibarzt mehrerer Fürsten. An seiner Frau hat er letztlich nur eines auszusetzen: Sie liest nach seiner Beobachtung zu wenig die Bibel.

Martin Luther bestellt sein Haus

Luther geht es immer um den persönlichen Glauben der Menschen, nicht um die politische Nutzanwendung seiner Lehre. Aber nachdem er sich in der Auseinandersetzung mit Papst und Kaiser so weit behauptet hat, dass sich die alten Verhältnisse der Kirche nicht einfach wiederherstellen lassen, kann er die Dinge zunehmend nicht mehr als Neuerer vorantreiben, sondern wird in die politischen Machtkämpfe und Ränkespiele hineingerissen. Auch wenn die Menschen immer noch auf ihn blicken, auch wenn seine Schriften einflussreich bleiben und seine deutschsprachige Bibel sich weiter verbreitet.

1524/25 muss sich Luther gegen den Humanismus abgrenzen, dessen Vertreter die Reformation begrüßt haben, aber weltanschaulich den Menschen und nicht Gott in den Mittelpunkt stellen. Erasmus von Rotterdam schreibt das Buch »Vom freien Willen«; er kritisiert damit, dass Luther sich so entschieden dem göttlichen Willen unterordnet. Menschliche Handlungsfreiheit, wie Erasmus sie vertritt, ist das große Ideal des Humanismus wie der Renaissance. Seine Schrift liegt eher auf der

Die Luther-Rose – ein Logo für die Theologie
Noch heute findet sich auf modernen Luther-Bibeln ein Rosen-Signet, die sogenannte Luther-Rose. Der Reformator benutzte das Zeichen als Familiensiegel und sogar als Markenzeichen, das für die Echtheit seiner Schriften stand. Luther entdeckte die Rosen-Illustration in einem Kirchenfenster der Augustinerkirche in Erfurt, wo er als Mönch gelebt hat. Er verstand sie später als »Merkzeichen« seiner Theologie. Jedes Element steht für eine Glaubensüberzeugung, und zusammengenommen erklären sie das Evangelium: Zuerst das **schwarze Kreuz** – schwarz, denn am Kreuz starb Christus für die Sünden der Menschen. Das Kreuz steht in einem **roten Herzen,** denn mit dem Herzen wird geglaubt. Das Herz steht in einer **weißen Rose** – die weiße Farbe spricht davon, dass der Glaube Freude, Trost und Frieden gibt. Darunter ist ein **himmelfarbenes Feld,** denn der Christ erwartet eine himmlische Freude, die schon hier ihren Anfang nimmt. Eingerahmt wird das ganze Bild von einem **goldenen Ring** – der Ring hat kein Ende, genauso wie das ewige Leben, das Gott aus Gnade schenkt; und schließlich Gold, da dieses Geschenk das höchste und kostbarste ist, das ein Mensch erlangen kann. ¶

Linie der römischen Kirche, die ebenfalls sagt, der Mensch wirke an seinem Heil mit und die Kirche könne den Glauben durch ihre Traditionen weiterentwickeln. Erasmus will jedoch einen Standpunkt entwickeln, der einen Kompromiss zwischen alter und neuer Glaubenslehre bilden könnte, und dafür will er auch Luther gewinnen.

Der antwortet darauf mit der Schrift »Vom unfreien Willen«, in der er alle Argumente des Erasmus nacheinander abhandelt und widerlegt. Wohl hat der Mensch aus seiner Sicht im täglichen Leben Entscheidungsfreiheit, aber im Verhältnis zu Gott spielt der menschliche Wille keine Rolle. Darauf kommt es ihm wesentlich an: Nur dann kann der Mensch sicher sein, von Gott angenommen zu sein, wenn er ihm die Erlösung völlig überlassen kann und nicht das Geringste dazu beitragen muss. Erasmus schreibt darauf noch einmal eine Erwiderung, die aber nichts Neues bringt, und Luther bricht das Streitgespräch ab.

Stattdessen kümmert er sich weiter um die Befestigung »seiner« Kirche in den Fürstentümern, die ihm wohlgewogen sind. Das ist nötig, denn die Reformation hat da, wo sie sich durchgesetzt hat, zum Verfall der alten kirchlichen Ordnung geführt und viel Verwirrung in kirchlichen Angelegenheiten erzeugt. Auch große praktische Schwierigkeiten sind aufgetaucht: Die Kirchengüter und die

Ansprüche an Bauern und Bürger, was Abgaben betrifft, sind weggefallen, und die Pfarrer haben keine Existenzgrundlage mehr. Manche leiden Hunger und Armut. Sie müssen nun vom Staat versorgt werden, aber das ist sehr schwer durchzusetzen. 1527/28 findet eine erste Visitation in den Pfarreien in Kursachsen statt, an der Luther persönlich teilnimmt. Der neue Kurfürst, Johann der Beständige, lässt sich von Luther dafür gewinnen, eine neue Kirchenorganisation zu schaffen.

1529 versucht die Reichsregierung, die reformierten Fürstentümer zu zwingen, zu den alten kirchlichen Zuständen zurückzukehren. Auf dem Reichstag in Speyer reichen diese daraufhin bei König Ferdinand, dem Bruder Kaiser Karls V., einen förmlichen Protest dagegen ein. Auf diese Weise schließen sie sich endgültig zu den »Protestanten« zusammen, obwohl es unter ihnen offene Streitfragen gibt, insbesondere zur Bedeutung des Abendmahls. Den römisch-katholischen Kräften scheinen sie unterlegen zu sein, aber sie lassen sich nicht kleinkriegen.

Der Abendmahlsstreit: Ist darin eine Gedächtnishandlung zu sehen, oder ist bei dieser Feier Christus in Leib und Blut gegenwärtig? Luther versucht, sich darüber mit dem Schweizer Reformator Huldrych Zwingli zu einigen – ohne Erfolg.

Zugleich soll beim Reichstag 1530 in Augsburg

Die Tischreden
Im Hause Luthers waren stets viele Gäste untergebracht – Verwandte, Freunde, Reisende und Studenten besuchten den Reformator. Gegessen wurde gemeinsam, und anders als in seiner Zeit als Mönch, wo man schweigen musste, sprach Luther bei den Mittagessen ausgiebig mit seinen Gästen. Themen waren immer schnell gefunden: theologische Fragen, die reformatorische Lehre, aber auch ganz praktische Dinge, die das Leben der Menschen damals beschäftigten, wurden diskutiert. Irgendwann begannen seine Gäste, diese Gespräche mitzuschreiben, um sich später an die Gedanken und Meinungen Luthers erinnern zu können. Er selbst duldete dies nicht nur, sondern ermutigte seine Gesprächspartner und Zuhörer auch dazu. Dass eine Sammlung dieser Aufzeichnungen etwa 20 Jahre nach Luthers Tod als Buch erscheinen sollte, hatte er allerdings nicht geahnt. Noch heute gibt es die »Tischreden« als Reclam-Büchlein, und es ist oft sehr anregend, darin zu lesen – besonders wenn wir unsere heutige Gesellschaft in den Gesprächen von damals erkennen. Ein Beispiel:

»Martin Luther beklagte die erstaunliche Stumpfheit und Undankbarkeit der Menschen, welche die Gaben und großen Wohltaten Gottes so gering schätzen. Ehe das Neue Testament übersetzt war, wollte es jeder gern haben und lesen. Nachdem es dann übersetzt war, hielt das nur vier Wochen an, dann verlangten sie Mose. Als der übersetzt war, lasen sie ihn nur vier

Wochen lang. Dann forderten sie dringend den Psalter; als der übersetzt war, erwarteten sie anderes. [...] Alles dauert immer nur vier Wochen, danach wird etwas Neues gesucht. Dieses Verlangen nach immer Neuem ist für das Volk die Mutter aller Irrtümer.«

Martin Luther, Tischreden,
Reclam-Verlag, S. 220 ¶

eine gemeinsame Basis mit der römischen Kirche gefunden werden. Luther tritt dort nicht auf, weil er nach wie vor unter Reichsacht steht; er verfolgt die Verhandlungen von der Veste Coburg aus, die zum Machtbereich von Kursachsen gehört. In seinem Auftrag legt Melanchthon die »Confessio Augustana« vor, eine Beschreibung des christlichen Glaubens, bei der der Hauptteil in seinen Augen zwischen den Kirchen unstrittig ist und die größten Gegensätze unerwähnt bleiben. Er hofft, dass Papst und Bischöfe diesem Bekenntnis zustimmen könnten. Die Konfrontation ist aber bereits so verfestigt, dass die Verständigung nicht zustande kommt. Vorerst erklärt sich Kaiser Karl V. zumindest zu einer Duldung der reformierten Länder bereit.

Luther betrachtet all diese Vorgänge stets aus einer gewissen Distanz: »Es liegt alles in Gottes Hand.« – »Gott befohlen.« Andererseits sieht er sich zu Zugeständnissen gedrängt. Eine gemeinsame Kirche mit den Anhängern Zwinglis ist für ihn zwar unvorstellbar, aber ein militärisches Bündnis mit den Schweizern würde er angesichts der Bedrohung durch die kaisertreuen Länder doch befürworten – nachdem er viele Jahre lang jegliche kriegerische Auseinandersetzung abgelehnt hat.

Mehr noch fallen Widersprüche in seinen Äußerungen zu den Türkenkriegen auf. Schon in den 1520er-Jahren sind die Osmanen unter Sultan Suleiman I. über den Balkan bis nach Ungarn vorgedrungen und bedrohten mehrmals Wien. Suleiman wollte auch Westeuropa unterwerfen. Luther hat davon sogar profitiert, weil sich der Kaiser deshalb nicht ausreichend mit ihm beschäftigen konnte. Außerdem mussten katholische und protestantische Reichsstände Burgfrieden halten, wenn sie gegen die Türken ins Feld zogen. Die Türkengefahr, die ganz Europa in Angst und Schrecken versetzt, sieht Luther als eine Strafe Gottes für die abgeirrte und verlotterte Christenheit. Er redet daher nicht einem Kreuzzug das Wort, sondern ruft das eigene Lager zu Umkehr und Besserung auf. Am Ende muss er aber gegen den Eindruck ankämpfen, er stehe womöglich gar aufseiten der Osmanen. Also verfasst er 1529 die »Heerpredigt wider die Türken« und erklärt den militärischen Kampf gegen sie zur – freilich rein weltlichen – kaiserlichen Pflicht.

Heute wird Luther vor allem sein angeblicher Hass auf die Juden vorgeworfen. Er verfasst 1543 die Polemik »Von den Juden und ihren Lügen«. Luther ist durchaus bewusst, dass die Juden in der Bibel das auserwählte Volk Gottes sind; Juden haben auch geholfen, Zugang zur hebräischen Sprache zu bekommen, worauf er und seine Helfer bei der Übersetzung des Alten Testaments angewiesen sind. Anfangs denkt er, dass es unter ihnen Bekeh-

Luthers Tod

So, wie er lebte, so verstarb Luther auch: im Vertrauen auf Gott und in der Gewissheit, dass der Tod nur ein Übergang in die Ewigkeit war – und im Dienst an den Menschen: Trotz Herzbeschwerden reiste er im Januar 1546 über Halle nach Eisleben, um dort einen Streit der Grafen von Mansfeld zu schlichten.

Wir wissen heute sehr genau über die Todesnacht am 18. Februar 1546 Bescheid, da sein Begleiter Justus Jonas einen detaillierten Bericht verfasste und ihn an den Kurfürsten Johann Friedrich von Sachsen schickte. Niemand sollte die Todesstunde Luthers verklären oder durch falsche Behauptungen das Andenken an den Reformator beschmutzen!

Nach einem fröhlichen Abendessen, wo Luther über einige »schöne Sprüche in der Heiligen Schrift« gesprochen hatte und auch scherzte – »Dann will ich den Würmern einen guter feisten Doktor zu verzehren geben ...« –, klagte er über starke Schmerzen in der Brust. Schnell wurde der örtliche Arzt gerufen, doch konnte dieser nichts mehr tun. Justus Jonas berichtet in seinem Brief an den Kurfürsten von Luthers letzten Worten:

»Da hat der Herr Doktor angefangen zu beten: Mein himmlischer Vater, ewiger, barmherziger Gott, du hast mir Deinen lieben Sohn, unsern Herrn Jesum Christum offenbart, den hab ich gelehrt, den hab ich bekannt, den liebe ich und den ehre ich als meinen lieben Heiland und Erlöser, welchen die Gott-

losen verfolgen, schänden und schelten; nimm mein Seelchen zu Dir. Danach sagte er drei Mal: In manus tuas commendo spiritum meum, redemisti me, deus veriatis*. Ja, also hat Gott die Welt geliebt.«

* In deine Hände befehle ich meinen Geist; du hast mich erlöst, HERR, du treuer Gott. (Psalm 31,6)

Luther hatte zwei seiner Kinder beerdigt und kannte den Schmerz eines liebenden Vaters. Doch er wusste auch, dass es einen himmlischen Vater gab, zu dem seine Kinder nach ihrem Tod gegangen waren. Nun war er selbst an der Reihe, seinem himmlischen Vater in der Ewigkeit zu begegnen und endlich »nach Hause« zu kommen. Mit einem Gebet auf den Lippen starb er an seinem Herzleiden.

Ironischerweise wurde das Sterbehaus und besonders sein Sterbebett schon kurz darauf regelrecht als Kultort verehrt – ein Irrglaube, wogegen er selbst oft streng gepredigt hatte. Noch im 16. Jahrhundert entwickelte sich eine Art Pilgerwesen; Holzsplitter aus dem Sterbebett wurden wie Reliquien behandelt und sollten vermeintlich gegen Zahnschmerzen helfen. 1707 wurde der Reliquienverehrung radikal ein Ende bereitet: Das Haus wurde geschlossen und das Sterbebett öffentlich verbrannt. Heute gibt es dort eine Gedenkstätte, und zahlreiche Besucher erinnern sich in Eisleben des Lebens und Sterbens des großen Reformators. ¶

rungen zu Jesus Christus geben wird, wie er das bei den Katholiken häufig erlebt hat. So schreibt er: »Wahrlich, da jetzt das güldene Licht des Evangeliums aufgeht und leuchtet, so ist Hoffnung vorhanden, dass viele unter den Juden sich ernstlich und treulich bekehren und von Herzen zu Christus hingezogen werden.« Die breite Masse der Juden lehnt das Evangelium aber noch immer ebenso ab, wie sie einst Jesus als Messias ablehnten – allerdings haben sie schon seit Jahrhunderten von den Christen in Europa unsagbar viel zu erleiden. Gegen Ende seines Lebens muss er erkennen, dass die angestrebte geistliche Erneuerung in vielem in Ansätzen stecken geblieben ist. Er ist nach so vielen Jahren aufreibender Arbeit enttäuscht, sieht in den Zuständen im Land Anzeichen der anbrechenden Endzeit und schreibt nun über die Juden: »Darum wisse du, lieber Christ, und zweifle nicht daran, dass du nächst dem Teufel keinen bittereren, giftigeren, heftigeren Feind hast als einen rechten Juden, der mit Ernst ein Jude sein will. Darum, wo du einen rechten Juden siehst, magst du mit gutem Gewissen ein Kreuz für dich schlagen und frei und sicher sprechen: Da geht ein leibhaftiger Teufel!«

Einen großen Fehler begeht Luther schließlich, als er den Ehebruch eines seiner Hauptverbündeten, Landgraf Philipp I. von Hessen, 1540 öffentlich billigt. In einer Beichte macht Philipp ihm vor, seine Ehefrau könne ihre eheliche Pflicht nicht erfüllen, eine Scheidung komme nicht infrage, und so bleibe ihm, Philipp, nur der Ausweg, sich eine zweite Frau zu nehmen. Luther lässt sich einreden, dass das Problem mit Diskretion so aus der Welt zu schaffen sei, und gibt mit Bauchschmerzen seinen Segen dazu. Aber die Vereinbarung bleibt seinen Gegnern nicht verborgen und wird schnell zum Skandal gemacht. Die Sache ist für Luther deshalb besonders peinlich, weil Philipp in Regierungskreisen längst als Schürzenjäger verrufen ist – für einen Renaissance-Herrscher übrigens nichts Ungewöhnliches.

Luther ist nicht der Richtige, wenn es darum geht, pragmatische Kompromisse zu schließen. Aber der Eindruck, er sei gegen Ende seines Lebens an seinem Glauben irregeworden, wäre falsch. Bis zu seiner letzten Stunde bleibt er fest im Glauben. Anfang 1546, da ist er 63 Jahre alt, fährt er mit Söhnen und Freunden nach Eisleben, in seine Geburtsstadt. Er soll einen Erbstreit der Grafen von Mansfeld schlichten. Schon lange wird er von verschiedenen Krankheiten gequält, er ist alt und schwach. Mehrmals schreibt er an seine Frau Käthe, die ihm, wie viele andere, von der beschwerlichen Reise abgeraten hat: »Bete du und lasse Gott sorgen; dir ist nichts davon befohlen, für mich oder dich zu sorgen. Es heißt: ›Wirf dein Anliegen auf den Herrn, der sorget für dich‹ (Psalm 55,23 und an vielen weiteren Stellen).«

Die Verhandlungen in Mansfeld ziehen sich ergebnislos hin. Als Luther damit droht, abzureisen, zeichnet sich endlich eine Einigung ab. Luther fühlt den Tod nahen, aber der hat für ihn keine Schrecken – er weiß sich von Gott errettet und treibt Scherz mit seinem Ableben: Nun wolle er sich in den Sarg legen und »den Würmern einen guten feisten Doktor zum Verzehren geben«, sagt er kurz vor seinem Tod. Zugleich betet er auf seinem Totenbett immer wieder: »Ich bitte dich, mein Herr Jesus, lass dir mein Seelchen empfohlen sein.« Justus Jonas, einer seiner engsten Mitarbeiter, ist in seiner letzten Stunde bei ihm und fragt ihn, ob er bei Jesus Christus und der Lehre, die er gepredigt hat, beständig bleiben wolle. Luther spricht ein deutlich hörbares »Ja«. Die herbeigerufenen Ärzte notieren: »Nachdem erbleicht der Doktor Luther sehr unter dem Angesicht, wurden ihm Füße und Nase kalt. Er holte tief und doch sanft Luft, womit er seinen Geist aufgab mit Stille und großer Geduld, dass er nicht mehr einen Finger noch ein Bein regte.«

Was vom Reformator geblieben ist

Luthers Kampf gegen die römische Kirche ist heute 500 Jahre her. Er begann mit den 95 Thesen gegen den Ablass, einem anfangs noch recht zaghaften Angriff. Am Ende war die Einheit der Religion im Heiligen Römischen Reich Deutscher Nation zerstört; es gab nun zwei Konfessionen. Für Kaiser Karl V., zu dessen wichtigsten Aufgaben es gehörte, die Einheit zu bewahren, reichte es nach Luthers Todesjahr 1546 nur zu einem erfolgreichen Feldzug gegen die abtrünnigen protestantischen Fürsten. Im April 1547 siegten seine Truppen über den sogenannten Schmalkaldischen Bund in der Schlacht bei Mühlberg in Sachsen. Der Kurfürst von Sachsen geriet in kaiserliche Gefangenschaft. Karl suchte darauf die Wittenberger Schlosskirche und Luthers Grab auf.

Ihm wurde geraten, die Gebeine des Reformators zu verbrennen und die Asche in alle Winde zu zerstreuen. Das sollte als abschreckendes Beispiel dienen, dass man sich dem Kaiser nicht ungestraft widersetzte. Aber etwas hielt Karl zurück. Luthers Grab blieb unberührt. Der Kaiser konnte nicht wissen, dass der Widerstand der Protestanten trotz ihrer Niederlage so stark blieb, dass er am Ende dem Augsburger Religionsfrieden zustimmen und abdanken musste. Beim Augsburger Reichstag 1555 wurde damit jedem Fürstentum gestattet, die Konfession frei zu wählen. Dem folgte allerdings bald der Dreißigjährige Krieg (1618 bis 1648). Der Streit um den richtigen Glauben ist bis heute nicht zu Ende.

Luther hatte das vorausgesehen. Nicht weil er etwa über prophetische Fähigkeiten verfügte, sondern weil er auch das der Bibel entnahm. Psalm 2: »Warum toben die Nationen und sinnen Eitles die Völkerschaften? Die Könige der Erde treten auf, und die Fürsten beraten miteinander gegen den HERRN und gegen seinen Gesalbten [...] Der im Himmel thront, lacht, der Herr spottet ihrer. [...] Und nun, ihr Könige, seid verständig, lasst euch zurechtweisen, ihr Richter der Erde! Dient dem HERRN mit Furcht, und freut euch mit Zittern! Küsst den Sohn, damit er nicht zürnt und ihr umkommt auf dem Weg, wenn nur ein wenig entbrennt sein Zorn. Glückselig alle, die zu ihm Zuflucht nehmen!«

Das war gewiss seine hervorstechendste Eigenschaft: Luther vertraute auf Gott. Das entsprach seiner Lebenserfahrung. Die Bibel macht als Selbstoffenbarung Gottes für ihn eine einzige zentrale Aussage: Jesus Christus hat über Sünde, Tod und

Teufel triumphiert, und jeder kann das ewige Heil erlangen, der nur an Christus glaubt.

Ebenso glaubte Luther, dass der Teufel tatsächlich existiert und auf Erden wirkt. Das war kein bloßer Aberglaube, denn er sah den Einfluss des Bösen nicht um sich her, in unverstandenen Mächten der Natur, in lauerndem Unheil oder im Verhalten anderer Menschen, sondern vielmehr in sich selbst, in seinem eigenen Herzen. Das spürte er so lange, bis er der Erlösung durch Jesus Christus gewiss war – ab da hatten Satan und alle seine Mächte ihre Schrecken für ihn verloren.

Um sich selbst hat er nie viel Aufhebens gemacht oder sich gar für eine Gestalt der Weltgeschichte gehalten – er sah sich als bloßes Werkzeug in der Hand des Höchsten. So konnte er dem Kaiser oder dem Abgesandten des Papstes als wehrloser kleiner Mönch furchtlos gegenübertreten – der, der ihn sandte, war allemal größer als sie. Selbst wenn sie ihn töteten, auf dem Scheiterhaufen verbrannten, dann hatte Gott andere Mittel und andere Menschen zur Verfügung, mit denen er seine Pläne durchsetzen konnte.

Luthers großes Verdienst ist, dass er sein Verhältnis zu Gott so ernst nahm und Gottes Wort, die Bibel, dazu so eingehend befragte, dass er die Botschaft von der Erlösung durch Christus quasi wiederentdeckte. Der Mensch braucht dafür nichts zu tun – Jesus Christus hat durch seinen stellvertretenden Tod am Kreuz alles getan. Diese Botschaft hatte die römische Kirche durch ihre Tradition und religiöse Praxis über die Jahrhunderte völlig zugedeckt. Offensichtlich wurde das beim Ablassverkauf. Kann man etwa Gott bestechen? Für sein Seelenheil braucht niemand zu bezahlen. Ja, mehr noch: Man braucht keinen Priester, der von Sünden losspricht, man braucht keine Heiligen und keine Gottesmutter Maria, die sich für den Gläubigen bei Gott verwenden, man braucht keine Sakramente, man braucht keinen Papst. Sobald er das völlig durchschaut hatte und sah, dass Leo X. mit vielem im Widerspruch zur Heiligen Schrift stand, nannte Luther den Papst den Antichrist, der das Volk nicht zu Gott führt, sondern vom Weg zu Gott abbringt.

Weil Gott für ihn das Zentrum bildet, war Luther – anders als viele meinen – kein typischer Renaissance-Mensch. In der Auseinandersetzung mit Erasmus von Rotterdam, der den Menschen und die menschliche Vernunft ganz in den Mittelpunkt stellt, hat er sich da ganz klar positioniert. Im Übrigen wusste Luther wenig vom kopernikanischen Weltbild (in dem sich die Erde um die Sonne dreht), er beachtete die Entdeckung der Neuen Welt kaum, er kannte sich als Mensch des Mittelalters auch nicht mit der europäischen Geschichte aus und wusste nicht, wie er in sie eingriff. Modern war er nur insofern, als er die Verantwortung des einzelnen Menschen für sein Leben betonte – im Gegensatz zur Gruppe, zum Stand, zur kirchlichen Hierarchie, die vorher alles galten. Frei ist der einzelne Mensch in den Augen von Luther aber nicht in dem Sinn, dass er alles tun darf, was er will, sondern er ist – was ihm viel wichtiger ist – frei von der Verstrickung ins Böse, wenn er zu Gott umkehrt.

Vor Luther war die Botschaft der Bibel vom verzeihenden, gnädigen Gott im Volk praktisch unbekannt. Und heute? Die römisch-katholische Kirche hat manche Missstände, die Luther anprangerte, anerkannt und beseitigt. Aber hat der Katholizismus die Botschaft der Gnade aus der Bibel wirklich angenommen? Nach wie vor vermittelt sie in ihrem Selbstverständnis ihren Gläubigen das Heil. Anrufung der Heiligen, Bußprozessionen, das tägliche Messopfer, das Jesus Christus doch ein für alle Mal am Kreuz erbracht hat, und andere Sakramente, die Kirchenhierarchie, die dem gewöhnlichen Kirchenmitglied abspricht, in eigener Initiative mit Gott ins Reine zu kommen – all das ist prägend bis in unsere Gegenwart. Sogar Ablässe gibt es noch, wenngleich sie nicht mehr so plump wie zu Luthers Zeiten verkauft werden.

Luther stellte anstatt dem Papst den Staat an die Spitze der Organisation der Kirche. Die Kurfürsten, die auf seiner Seite waren, setzte er anfangs als Notbischöfe ein. Das trug viel zum Vorwurf des »Fürstenknechts« bei, dem er sich nach dem Bauernkrieg ausgesetzt sah. Bedenklich an dieser Weichenstellung war aber eher die Wirkung auf die Kirche. Luther hätte sich auch kleine, selbstständige Gemeinden vorstellen können, deren Mitglieder alle »mit Ernst Christen sein wollen«. Aber, so schrieb er 1526, »ich kann und mag eine solche Gemeinde oder Versammlung noch nicht ordnen oder anrichten. Denn ich habe noch nicht die Menschen und Personen dazu, ebenso sehe ich auch nicht viele, die sich dazu drängen.« Also richtete er eine große Kirchenorganisation auf. Eine Volkskirche war für Luther auch Ausdruck des großen Gottesvolkes. Und er wollte als Seelsorger die Schwachen, die Namenschristen möglichst nicht ausschließen und damit verlieren. Dadurch sind aber viele in der Kirche, die die Erlösung nicht richtig verstanden haben oder sie nicht annehmen wollen. So konnte es geschehen, dass über die Jahrhunderte der Glaube in der evangelisch-lutherischen Kirche immer schwächer wurde; sie weicht heute in vielen Punkten von der Bibel ab, und es gibt sogar Pfarrer, Bischöfe und Theologen, die die Bibel als Wort Gottes und Jesus Christus als Erlöser leugnen. Entscheidend dafür, dass sich einst ein Großteil der Deutschen der Reformation zuwandte, war Luthers Bibelübersetzung und ihre große Verbreitung. Eben zu Luthers Zeit wurde der Buchdruck vervollkommnet, und so konnte die Bibel, die bis dahin kaum jemand besaß und schon gar nicht las, in die letzten Winkel des Reichs vordringen. Eine wichtige Rolle spielte dabei, dass Luther ein Deutsch verwendete, das überall verstanden wurde. Er wählte das Ostmitteldeutsche in der Erwartung, dass dies auch weiter im Norden und im Süden verständlich ist, und er übertrug die Bibel nicht wörtlich, sondern ihrem Sinn nach mit Wendungen, wie sie der Durchschnittsmensch auf der Straße im Munde führt. Was nicht schon allgemeiner Sprachgebrauch war, das wurde durch die Lutherbibel Gemeingut. Obwohl es schon früher deutsche Übersetzungen gab und nach Luther etliche weitere hinzukamen, setzt seine Bibel bis heute Maßstäbe.

Seine geschichtliche Bedeutung, die er ohne Zweifel hat, erkennt man auch daran, dass er noch heute fast jedem ein Begriff ist. Als Fresser, Säufer, Streithansl und Grobian, wie er vielen Menschen vor Augen steht, ist er aber kaum richtig charakterisiert. Manche der genannten Eigenschaften sind in gewissem Sinn typisch für seine Zeit; Luther war aber komplizierter, widersprüchlicher. Er hatte ein zartes Empfinden, wie das vielen seiner Schriften zu entnehmen ist, und ein waches Gewissen, das ihn zu Gott führte. Er war von düsterem Gemüt, zugleich aber auch heiter, fröhlich, freundschaftlich, weil er sich in Gottes Hand wusste. Er war ein Einzelgänger, der sich Tag und Nacht mit seinen Studien beschäftigte, aber auch gesellig, ein guter Ehemann und liebevoller Vater. Er war im akademischen oder politischen Streit aufbrausend und schonte seine Gegner nicht, aber er war auch von großer Gelassenheit, er lebte aus der Freiheit heraus, in die Gott ihn geführt hatte. Am Ende seines Lebens blickte er freilich nicht zufrieden auf sein großes Werk zurück, sondern wurde zunehmend besorgter, grimmiger, verhärtete sich teilweise sogar. Das geschah nicht mit Blick auf sein eigenes Leben, da war er mit sich und Gott im Reinen. Aber die Aufgaben und Probleme wuchsen und gingen über seine Kräfte.

In der Reformation entwickelte sich zunehmend ein gesellschaftliches Klima, in dem die Religionsfreiheit wachsen konnte. Vor Luther wurde jeder in die römisch-katholische Kirche hineingeboren und blieb in ihr bis zum Grab. Nun konnte man die eine Kirche verlassen und in die andere eintreten. Und nach der Religionsfreiheit kam die Toleranz. Denen, die der anderen Kirche angehören, darf man nicht einfach den Schädel einschlagen. Man muss die anderen respektieren, auch wenn man bei seiner eigenen Glaubensüberzeugung bleibt. Religionsfreiheit und Toleranz sind Grundpfeiler des heutigen Europa. Heute ist die Glaubensüberzeugung allerdings in vielen Fällen weggefallen. Übrig geblieben ist, dass man den anderen, der anders betet, anders denkt oder anders lebt, respektiert. Wie man sich auch verhält, es ist zu respektieren. Das heißt, aus der gewachsenen Idee der Toleranz, die sich infolge von Reformation und Humanismus in Europa entwickelt hatte, ist zunehmend eine Haltung der Beliebigkeit geworden, die jede Auseinandersetzung um die Frage der Wahrheit ausblendet und verhindert.

Wir sind also heute nicht weiter als zu Luthers Zeiten – eher im Gegenteil. Wir bräuchten vielleicht wieder einen wie ihn, der auf die wichtigste Botschaft hinweist, wie Jesus im Johannesevangelium (Kapitel 8, Vers 31 und 32) sagt: »Wenn ihr in meinem Wort bleibt, seid ihr wahrhaft meine Jünger; und ihr werdet die Wahrheit erkennen, und die Wahrheit wird euch frei machen.«

Nachwort der Herausgeber

Martin Luther ist wohl der bekannteste unter den Akteuren, die im ausklingenden Mittelalter die Reformation starteten. Eine Bewegung, die die Kirche spalten, den Dreißigjährigen Krieg auslösen und die Welt auf den Kopf stellen sollte. Dinge, die Luther nie wollte und vor denen er sich scheute. Doch wie kam es dazu? Was waren die Beweggründe der Reformatoren, die einen solch großen Einfluss auf die Bevölkerung hatten?

Im Grunde war Luther ein schlichter Mönch und Theologe, kein Revoluzzer, der die Welt brennen sehen wollte. Wie fast alle Menschen damals hatte er fürchterliche Angst vor dem Jüngsten Gericht und den drohenden Sündenstrafen. In seiner Verzweiflung machte er sich auf die Suche nach einem gnädigen, einem vergebenden Gott. Gefunden hat er ihn im Neuen Testament: »Der Gerechte wird aus Glauben leben« (Römerbrief 1,17). Dies bedeutet, dass der Glaube allein den Menschen vor Gott gerecht machen kann. Es gibt ein Tor ins Paradies und jeder, der glaubt, darf es passieren!

Diese Erkenntnis war der Anfang von Luthers »persönlicher Reformation«. Wie er selbst schreibt, fühlte er sich von da an wie neugeboren. Die große Last, die sein Gewissen beschwerte, fiel von ihm ab.

Nun war er frei – frei, die Wahrheit über den falschen Ablasshandel und die Heuchelei des Klerus zu sagen. Frei, die Botschaft der Bibel jedem Menschen zugänglich zu machen – ganz gleich ob Theologe oder Bauer. Seine Bibelübersetzung öffnete den Massen die Augen für die Gnade Gottes: So hatten sie den christlichen Glauben noch nie erlebt!

Luther ging anfangs davon aus, dass Papst und Kurie dankbar auf seine Kritik eingehen würden. Doch das genaue Gegenteil war der Fall. Die Kirche bot alle Strenge auf, um den Prediger und seine »neuen Lehren« zu stoppen. Schnell wurde deutlich, dass der Papst kein Interesse daran hatte, irgendetwas in seiner Kirche zu reformieren. Zu wertvoll und verlockend war die Macht, die Priester über ihre Herde ausüben konnten, solange nur sie die lateinischen Schriften lesen und das Abendmahl gewähren (und verweigern!) konnten. Die Kirche war eine quasi-politische Institution, und das Evangelium der Gnade passte nicht in ihr Konzept. So entstanden die »Protestanten«, die als Evangelische Kirche bis heute besteht.

Zwar musste die Kirche reformiert werden, doch stand am Anfang die persönliche Reformation von einzelnen Gläubigen. Luthers Erkenntnis über das Leben aus Glauben hatte zuerst ihn, sodann die halbe christliche Kirche verändert. Wer heute Mitglied einer Kirche ist, jedoch nie ein persönliches Glaubenserlebnis hatte, steht in der Gefahr, die Hauptsache des Christentums zu verpassen. Gott möchte jedem Menschen begegnen, persönlich, individuell und direkt. Glaube heißt vor allem, Vertrauen zu Gott zu haben. Dies geht nicht aus der Distanz. Das Befreiende des christlichen Glaubens ist seine Botschaft: Gott vergibt die Schuld. Jedoch drückt der Schöpfer nicht einfach »ein Auge zu« und übersieht die Sünden der Menschen. Seine Gerechtigkeit zwingt ihn dazu, Sünde zu richten und Schuld nicht einfach zu übergehen.

Doch auf der anderen Seite liebt er jeden Menschen unbändig. Als Luthers 13-jährige Tochter starb und sein Freund Melanchthon seinen großen Schmerz sah, tröstete er ihn mit den Worten, dass die Vaterliebe nur ein Bild auf die noch größere Liebe Gottes zu den Menschen war. Martins Tochter hatte einen himmlischen Vater, in dessen Arme er sie beruhigt geben konnte. Diese große Liebe Gottes manifestierte sich in seinem Sohn Jesus Christus. Er war der Ausdruck von Gottes Heiligkeit und Gerechtigkeit. Doch auch die Bestätigung seiner Liebe – und der Kreuzestod war der Ausweg aus dem großen Dilemma: Auf der einen Seite muss Gott Sünde richten, auf der anderen Seite liebte er die Menschen. In Jesus Christus fand Gott die Lösung. Er bestrafte die Schuld der Menschen, doch nicht der einzelne Sünder musste diese Strafe tragen – Jesus nahm sie auf sich. Jesus Christus, der Heilige und Sündlose, wurde am Kreuz zum Sinnbild unserer Schuld. Er war von Gott getrennt – »Mein Gott, mein Gott, warum hast du mich verlassen?« – und litt unter den Schmerzen und dem Spott und der Verachtung der Leute. Aus Liebe übernahm er diese Strafe für jeden einzelnen Menschen. Drei Tage später erstand er aus seinem Grab und bewies damit, dass sein Ruf am Kreuz wahr war: »Es ist vollbracht!«

Luther erkannte im Römerbrief, dass das Mittel, um die Vergebung in Anspruch zu nehmen, der Glaube an Jesus Christus war. Glauben, also darauf zu vertrauen, dass Jesus nicht nur »ein« Erlöser, sondern »mein« Erlöser ist. Als Martin Luther dies erkannte, begann seine persönliche Reformation, die später unzählige andere Menschen erfasst hat. Und so wie vor 2 000 Jahren die ersten Christen an Jesus glaubten, so wie vor 500 Jahren das Evangelium in Deutschland wiederentdeckt wurde, so muss auch heute jeder Mensch eine persönliche Begegnung mit dem gnädigen Gott der Bibel haben. Die Herausgeber dieses Büchleins beten dafür, dass auch seine Leser diese Begegnung erleben. Der beste Weg dahin ist der, den auch Luther beschritten hat: Er nahm das Neue Testament zur Hand und las, er betete und suchte Gott.

Buchempfehlungen

Jan Klein
Außer Thesen nichts gewesen?

Artikel-Nr. 256124
Heft, 12 × 12 cm, 32 Seiten
ISBN / EAN 978-3-86699-124-8

500 Jahre Reformation! Ganz Deutschland feiert 2017 das Ereignis, das Europa und die ganze Welt verändert hat. Überall findet man Ausstellungen und Attraktionen zu Luther und Co. Politiker, Promis und Kirchenvertreter geben reihenweise Interviews über die Reformation und ihre Auswirkungen. Und der Reformationstag wird dieses Jahr sogar zum bundesweiten Feiertag erklärt. Doch was feiern wir eigentlich? Was bedeutet überhaupt Reformation? Und was hat das mit uns heute zu tun? Außer Thesen nichts gewesen?

Soulsaver e.V.
36 Argumente für Gott

Artikel-Nr. 256404
Taschenbuch, 144 Seiten
ISBN / EAN 978-3-86699-404-1

36 frische und gut recherchierte Argumente zum Thema »Gibt es Gott oder nicht?« Wie wir mit dieser Frage umgehen, prägt so oder so zutiefst unser Leben. Dieses Büchlein gibt dir neue und überraschende Hinweise aus den Natur- und Geisteswissenschaften, aus der Geschichte sowie aus Erlebnissen und Erfahrungen von Menschen. Eine Einladung zu kritischem Denken, zum Schmunzeln über dich selbst und zum Neu-Beginnen.